ちくま新書

国立大学教授のお仕事

――とある部局長のホンネ

木村 幹
Kimura Kan

1852

国立大学教授のお仕事――とある部局長のホンネ【目次】

イラスト／柘植文

はじめに――不思議な仕事

大学教授という仕事はとても不思議である。たとえば、ときにこんなことを言われる。

「大学教授って、時間がたくさんあっていいですね」

またあるときは、こうやって怒られる。

「これだから大学教授はわかっていない」

そんなときに、ふと思う。どうして、この人たちは、大学教授の世界や仕事の内容を自分たちがわかっていると、思っているのだろうか。

たとえば、スーパーマーケットに毎日買い物に行っている人がいるとする。当然、その人は店で店員が働くのを見ているだろうし、また、言葉も交わすかもしれない。しかし、それだけで「スーパーマーケットの店員」の仕事がどれだけ大変で、また彼らが日々、何をしているかが本当にわかるだろうか。

当然のことながら、さまざまな仕事において、顧客をはじめとする人々に「外から見える」部分は、限られている。スーパーマーケットの店員には、開店前の仕事もあれば、閉店後の仕事もある。また、おのおのの役割によって裏方で仕入れ業務や経理を担当する人もいるだろうし、店長とレジにいる店員では仕事の内容はまったく変わってくるだろう。一言でいえば、「スーパーマーケットの店員」の仕事といってもさまざまであり、それを「外から見える」部分だけで判断するのは、間違いである。

そしてそのことは、大学教授という仕事についていえば、さらに顕著になる。そもそも日本人の四年制大学進学率は過去最高を記録した二〇二三年ですら五七・七%。つまり、今の二〇歳前後の人々でも半分近い人は四年制の学部教育は受けていない計算になる。二〇二〇年に行われた国勢調査によれば、日本国内に居住する一五歳以上の全人口のうち、短大や高専以上の「高等教育」を終了した人の割合は四一・七%、四年制大学以上は二五・五%。つまり、日本人の約六割は「高等教育」課程で学んだことがなく、四年制大学については、四分の三近い人は通ったことがないことになる。つまり、多くの人にとって依然として大学は「遠い存在」なのである。

そしてそのことは言い換えるなら、そもそも日本人の多くは、大学教授の「外から見える」仕事の部分についても、多くを知っているわけではない、ということを意味している。つまり、先のスーパーマーケットの比喩を使うなら、ほとんどの人は「スーパーマーケット」の店内に入ることなく、「スーパーマーケットの店員」の仕事を判断しようとしていることになる。

それでは、こういった人々は、大学教授の仕事、について何を見て、判断を下しているのだろうか。たとえば、それはテレビ等のマスメディアに出演する大学教授の姿かもしれないし、また、あるいはインターネット上の書き込みを通じて、触れる何かしらかもしれない。さらにいえば、実際の大学教授の仕事を見ずして、社会のどこかにある漠然としたイメージをそのままオウム返しに繰り返している人もいるだろう。でも、ここで考えてみてほしい。文部科学省が二〇二二年に行った調査によれば、全国には大学教員は一万九〇〇〇人以上いる。その中で、マスメディアに顔を出す人などは、圧倒的に少数派である。大多数の人はメディアに出る機会も、その意思もなく、淡々と日々の業務を熟《こな》している。しかし、そんな人たちの姿を、大学外の人が見る機会は、ほぼ存在しない。

そもそも考えてみれば、大学に通ったことのある人だって、実際に彼らが目にするのは、授業やゼミをしているときの我々の姿だけだろう。スーパーマーケットに買い物に行くだけでは、品物の仕入れの様子や経理の仕方がわからないように、学生として大学に通っているだけでは、たとえば、我々が教授会等で何を議論し、何を決めているかは、わからない。

加えて、大学教授のイメージを左右するもう一つ厄介な問題がある。それは大学に通った人であっても、彼らが知っている大学や大学教授の姿は、あくまで彼らが遠い昔、学生時代に見たものでしかない、ということだ。それは、筆者と同じく五〇代後半の人間であれば、すでに四〇年近くも前の姿である。そしてほとんどの仕事がそうであるように、今日の社会において、四〇年も前と同じやり方で仕事をしている人は、多くない。

そもそも考えてみれば、同じ大学といっても、大都会の大学と地方の大学、そして多くの学部や大学院からなる巨大総合大学と、一つの分野に特化した単科大学では、大学教員の仕事もまったく異なってくるはずだ。そしてそれはスーパーマーケットの仕事が店ごとに違っているのと同じである。だから大学外部の人はもちろん、筆者のような大学教員だって、他の大学における大学教授の仕事、についてどれほど理解しているかはわからない。

にもかかわらず、多くの人は「大学教授の仕事」について何となく知っているつもりになっている。それでは、その実態はどのようなものなのだろうか。そこでここでは、筆者自身の日常からそれを紹介してみることにしよう。

†とある週の研究科長

まずは、筆者の実際のスケジュールに沿って、大学教授の日常の実態の一端を紹介してみよう。この文章を書いている段階の私は、とある国立大学の小さな大学院の研究科長であり、やはり小さな学会の会長も務めている。専門分野と某球団の動向に関連して、メディアに出演することも少なくない。ここで紹介するのは、そんな一人の国立大学教授が過ごした、二〇二四年四月第二週の実際の例である。ちなみにあくまで筆者のスケジュールなので、いかなる一般性もないこと、そして、毎週同じ仕事内容であるわけではないこと、に注意してほしい。あくまで一つの例である。

月曜日。筆者の朝は、他の社会人より少し遅い。裁量労働制（第三章「裁量労働制」）により、毎日決まった時間に職場に行く必要がないからだ。八時頃に起きた筆者は、自宅でシャワーを浴びて、簡単な朝食をとった後、書斎のパソコンの電源を入れる。ブラウザーを開いて、職場のメールアドレスにアクセスすると、週末の間にうんざりするほどの数のメールが来ている。これらに一つひとつ目を通して、対応が簡単なものについては、即座に返信を送る。とはいえ、中には、特定の書類の作成を求められているものもあるから、それらは書類をダウンロードして、必要な内容を記入し、事務室等に返信する。

そうしている間に、九時前から事務室が動きだし、新たにメールが到着しはじめる。増えつづけるメールに辛抱強く返信しつづけ、気がつくとすでに一一時を過ぎている。筆者は東京やソウルへの出張の日時を稼ぐために、月曜日には大学での授業を入れていない——こうすると金曜日夜から月曜日夜まで三泊四日で出張することが可能になるからだ——

ので、制度上はこのまま一日家で仕事をしつづけることも可能だ。とはいえ、管理職である以上、大学に行かなければできない仕事も多い。一二時前、依然として返しきれないメールが大量に残るなか、自宅を出て電車に乗り、大学に向かう。到着一三時。つまり、昼休みが移動時間である。この間に駅の売店でおにぎりを買い、昼食代わりにする（コラム「大学教員とご飯」）。

大学に着くと事務室に向かい、到着を告げ、火急の仕事がないか確認する。研究科長室には、大量の稟議書《りんぎしょ》が置かれており、これらの多くは本日中の決裁が必要だ。多くは、各教員の出張の申請や、本部に送る書類の確認である。これだけデジタル化が叫ばれているのに、一つひとつ目を通して印鑑を押すという、なかなか昭和な作業である。

とはいえ、これらにただちに取りかかることはできない。なぜならこの日は一三時半から、同じキャンパスに属する他の学部や大学院（大学ではこれらを「部局」と呼ぶ）の長との間での、意見交換会議があるからである（第二章「教員組織のトップは評議会」）。研究科長室を出て、会議室に向かい一時間ほど、さまざまな問題を議論するための非定例会議を行う。終わると、研究科長室に戻って稟議書の処理である。三〇分ほどかけて処理して事務室に運ぶとすでに一五時を過ぎている。この週の翌週には、地元にある韓国総領事館と大学の間の共同シンポジウムがあり（第六章「国内での営業」）、そのときに大学の理事が挨拶するための文章の校正・加筆を依頼される。一五分ほどで作業を終え、本部に返信する。

いち段落すると研究科長室のパソコンに向かい、ふたたびメールの処理に取り組む。一七時過ぎになんとか終え、次の仕事に取り組む。金曜日に行う非常勤講師を引き受けている大学での講義のための資料作りである（**第三章「対外活動」**）。本来であれば、一週間前には送付しておかなければならない資料であるが、すでに三日も遅れている。講義で使うパワーポイントファイルを作り、そこから配布資料を切り出してPDFを作って、非常勤先事務室にメールで送付する。この段階ですでに一九時を過ぎている。論文の査読を頼まれていたのを思い出し、査読レポートを作り送付する（**第四章「査読のあんばい」**）。終わると二〇時半を過ぎている。家に着くのは二二時前である。

火曜日。ふたたび八時過ぎに起床し、自宅のパソコンの電源を入れる。急ぎのメールをいくつか返した後、この日は自宅を九時過ぎに出て、大学に向かう。電車の中で、これから行う演習の内容を確認し、研究科長室に向かう。一〇時過ぎ着。昨日と同じくまず事務室に向かい、状況を確認する。筆者は管理職になって以来、大学に到着したときと昼休み後、さらには一七時の事務室の業務終了前と、自らの退勤時に事務室に顔を出すことにしている（**第二章「教員組織と事務組織」**）。明日の教授会についての打ち合わせがいくつかあり、意見交換を終えると、一〇時四〇分から英語での演習である。筆者の所属する大学院は少し変わっていて、日本語で教育を行う日本語コースと、英語で実施される英語コースの二つがあり、今日はその英語コースでの演習、つまりはゼミの一回目である（第七章「英語コースの設置」）。参加者に自己紹介をさせ、研究の進捗状況を尋ねた後、事前にピックアップしてきたいくつかのテキストを回覧して、彼らが自らの研究の進め方に対してどの程度理解をしているのかをディスカッションする。日本人、韓国人、中国人、インドネシア人、イギリス人、そしてアフリカのベナンから新しく来た学生が参加する演習なので、飛び交う英語もさまざまである。ディスカッションが終わると、ＴＡ（ティーチングアシスタント）に頼んで、来週からの発表の順番を決めてもらう。

本来なら一二時一〇分から昼休みであるが、時間がもったいないので、生協で買ったおにぎりを食べながら、パソコンに向かってメールを処理する。メールの中には、学会の理事会関係のものもあり、常務理事の先生に対して、いくつか意見を送っておく。これは研究科長ではなく、学会の会長としての仕事である（第四章「学会を運営する」）。一三時過ぎ、事務室に顔を出し、状況確認。メールを返し、稟議書を処理していると一四時になり、韓国からやってきた研究者に面会する。日本の韓国政治専門家に対して、日韓関係に関わる意見聴取をしているのだそうで、久しぶりに喋るつたない韓国語で一時間ほど意見を述べる。

一五時、今年から研究科の「PD助教」に就任した先生が挨拶と相談にやってくる。「PD助教」とは、博士号取得後に日本学術振興会の「特別研究員」に選ばれた人を、大学が助教として雇うものである。ちなみにこの日本学術振興会の「特別研究員」には、大学院博士後期課程（昔でいうところの「博士課程」に相当）在学中に選ばれる枠もあり、こちらは「DC」と呼ばれている。経済的な困難の多い大学院生にとっては、憧れのポジションの一つである。「PD助教」の先生は、挨拶のついでに、昨年度末に出版した著作をくれた。筆者も審査員の一人として参加した博士論文を、まとめ直して単著にしたものである。大学教員としては、とても嬉しい瞬間である（第五章「ポスドクを助ける」）。

一六時、今度は新たに四月から入学した博士前期課程（こちらは昔でいうところの「修士課程」）の学生が研究科長室を訪れる。大学院に入学した彼らが最初にやらなければならないことの一つは、指導教員を選ぶことであり、その相談に来たのである。希望する研究内容について尋ね、演習等での指導方針について説明する。この学生はうちのゼミに所属することになった（第五章「学部と大学院はこう違う」）。

一七時、今度は講義の時間である。最近の大学では、社会人等を対象に遅い時間に授業が設定されている場合も多い。ちなみに時間割はこの後にもあり、一番遅い授業は二〇時二〇分終了になっている。さて、この日の担当講義は「比較政治文化」。こちらは英語コースではなく、日本語コースの講義なので、実施言語は日本語である。講義にはパワーポイントを使うのだが、演習と異なり授業にTAはいない（かってはいたのだが、予算削減の結果いなくなった）ので、パソコンやプロジェクター等、教室のセットアップは自分で行わねばならない（第三章「教育業務」）。講義そのものの準備は前の週にすでに済ませてあるので、この日はその内容を確認して、いつものように実施すればいいだけである。学期最初の授業なので、まずは講義のガイダンスを行った後、導入部分の説明を行い、大学院生に自分の研究計画について簡単な説明をさせる。終了、一八時三〇分。

遅れて事務室に顔を出し、残業している事務方を慰労した後、研究科長室のパソコンの前に向かう。開けると、四つのメディアからの取材依頼が舞い込んでいる（第六章「研究費を得るための間接的な営業」）。この日の翌日は、筆者が研究対象とする韓国で国会議員選挙が行われる日に当たっており、そのために事前に取材の日程を確保しておくためのものだ。スケジュールを見て、各社三〇分ずつ程度時間を割りふって、調整を行う。二〇時半、まだ帰れない。この日の残りの時間は、この新書の原稿を書いている。帰宅したときには、二二時半近くになっていた。

水曜日。今日は月一回の教授会が開催される日である（第二章「教授会は各部局の意思決定機関」）。研究科長なので筆者が司会をしなければならない。とはいえ、それまでに済まさなければならない仕事がある。いつものように八時過ぎに起き、パソコンに電源を入れていくつかメールを返した後、一〇時になるとこの作業を止め、Microsoft Teams なるアプリを立ち上げる。先に述べた韓国の国会議員選挙に関わる某放送局の取材に備えた事前打ち合わせをオンラインで行うためだ。筆者は通常、オンラインでの講義や打ち合わせにはＺｏｏｍというアプリを使っているので、少し手間取った（コラム「大学教員とＤＸ」）。四五分程度打ち合わせをすると、間もなく一一時。急いで家を出て、大学に向かう。昼休み前に到着して、事務室で簡単な意見交換をした後、研究科長室で今日の教授会の書類を確認する。ちなみに教授会に先立つ執行部会議はすでに二週間前に終えているので、内容はそのおさらいになる（第二章「執行部会議と各種委員会」）。机の上には、今日もおにぎりが一つ置かれている。

一三時半、教授会開始。新年度最初の会議なので議題が多く、テンポよく裁かなければ、夕方までに終われない。会議終了一七時前。ざっと三時間半、会議をしていた計算だ。一七時半、大学院内の一室で、新任の教員や事務職員の歓迎を兼ねた、懇談会を行う。ビールとソフトドリンク、そしてピザだけの簡単な会食であるが、費用は研究科長の自腹である（コラム「大学教員とお金」）。

懇親会が続くなか、一八時半にいったん会場を抜け出して、研究科長室に入る。三〇分前に開票が始まった韓国の国会議員選挙の状況を確認するためだ。この時の選挙は野党の圧倒的勝利。出口調査の結果が出た段階で勝負はすでについていた。一九時、東京のFM局のニュース番組に電話出演して簡単なコメントを行う。一九時一五分、懇親会の会場に戻る。ちなみに仕事が前後に入っているので、アルコールを口にするのは不可能である。懇親会は二〇時に終了。急いで家路につき、帰宅二一時。パソコンの電源を入れ、韓国のテレビ局の開票速報を見守ることになる。すでに大勢が判明している選挙であるが、個々の選挙区の状況を開票速報で確認し、その投票実態を韓国メディアが報道する出口調査の結果で分析して、自分に対する取材に備えなければならないからである（コラム「大学教員と専門分野」）。二四時前、力尽きて眠りに入る。

木曜日。この日は、月に二回、大学本部にて全学レベルの会議が行われる日である（第二章「教員組織のトップは評議会」）。朝起きると、すでに開票が終了している韓国の国会議員選挙の結果を確認して八時半前に家を出る。九時半前に到着し、事務室に顔を出した後、まずは同じキャンパスにある社会科学系部局長との意見交換のための会議に出る。同じ研究科長といっても、筆者の所属する部局は小さいので、なかなか肩身が狭い。終了一一時半。事務室に顔を出した後、食べる食事はこれまでと同じものである。一二時にＺｏｏｍ

を開いて、雑誌社へのコメントを行う。一二時半からは新聞社の取材を受ける。三〇分でコンパクトに終了し、一三時からもう一つ、異なる新聞社にコメントを行う。同じ国会議員選挙に対するものとはいえ、まったく同じ答えをするわけにはいかないから、少々工夫が必要である。当然のように昼休みはない。

一三時半に取材対応を終える。急いで部屋を出て、大学本部での会議に向かう。一三時四五分、最初の会議が開始される。学長を選ぶために設けられている「学長選考・監察会議」である（**第二章「部局長（研究科長・学部長）はどう選ばれる」に学長選出の話題もあり**）。重要な会議であるからだろうか、新年度最初の会議でありながら、いきなり紛糾する。結論を見ないまま いったん中断し、一四時半からいったん、全学の学部長や研究科長が集まる「部局長会議」の場へと移動する。「部局長会議」が終了したのは一六時半頃、ただちに「学長選考・監察会議」が再開されるも、結論はなかなか出ない。

結局、会議が終了したのは一七時半頃。大学本部から研究科長室に走って戻ると、そこにはテレビ局の撮影班が待機している。彼らとの約束は本来一七時からだったのだが、会議が予想よりはるかに長引いたので四五分近くも部屋で待ってくれていたのだ。ただちに撮影が開始され、一九時前に終了。撮影された映像は二日後の土曜日夜のニュース番組で放送されることになっている。しかし、忙しい一日はまだ終わらない。二〇時、某政府関係者と大学から三〇分ほど離れた場所で会食を行い、韓国の国会議員選挙の結果について意見交換する（第六章「国内での営業」）。終わったのは、二二時前だった。家に帰りついたのが何時だったかは覚えていない。

金曜日。前々日、前日とハードなスケジュールが続いたので疲労困憊なのだが、スケジュールはこの日も詰まっている。朝八時に起きて、ここまでの韓国の国会議員選挙に関わる分析の結果をまとめて、パワーポイントのスライドを作り、送付する。翌週に東京の一角で行われる政府系の研究会で報告するためだ（第三章「研究業務」）。二時間で作業を終え、家を出る。向かう先は、いつもの勤務先とは異なる、非常勤講師を引き受けている私立大学である。新年度一回目の出講なので、到着するとこの大学の事務室に顔を出して挨拶を行い、講義場所等を確認する。一一時、講義を開始。今年の参加者はちょっと少なめだ。ガイダンスを中心とした授業を行い終了一二時四〇分。この大学の授業は一コマ、本務校（主たる勤務先をこのように呼ぶ）の九〇分ではなく、一〇〇分なのである（第三章「対外活動」）。

授業を終えるとバスと電車を乗り継いで勤務先の大学に向かう。到着一四時。事務室に顔を出した後、そのまま教室へと向かう。今日は日本語コースの演習の実施日である。英語コースの演習は一コマだけなのだが、日本語コースは二コマと決まっているので、ここから三時間まとめて演習を行うことになる。演習に参加する新入生は四名、参加者の合計は一〇名程度で、オンラインの参加者もいる。終了一七時前。演習が終わると、希望する学生の研究相談に応じる時間である（第五章「研究者の卵はここでつまずく」）。順番に話をして一九時前に終わると、残るは週末前にメールを返す仕事である。この日は先に取材を行ったメディアのいくつかからコメントの確認等の依頼も来ている。二〇時には、力尽きて家路につく。廊下が少し薄暗く見えるのは、筆者が疲れているからだけではなく、電気料金削減のために、LED電灯の二本に一本が抜かれているからでもある（第六章「部局の運営経費は三〇年で三〇〇〇万円減」）。家に到着するのは二一時。この週にしては早いほうである。

土曜日。ようやく休日か、といえばそうではない。この日は所属する大学の同窓会の一つが一〇〇周年記念式典を行う日に当たっている。今日の大学にとって、同窓会はきわめて重要な組織であり、当然、研究科長としてこれに出席することになる。一一時前に家を出て、一二時過ぎに会場到着。式典は一三時より開始された。一五時頃式典が終わると、懇親会が行われる。同窓生の人たちにとっては、式典よりも懇親会で学生時代の友人等と歓談することのほうが本番なのであるが、勤務先の大学の卒業生ではない筆者にとってはちょっと身の置き場所を見つけにくい空間である。とはいえ、同窓生の中には、東京や大阪の大企業の元・現重役や有名政治家、さらには、勤務先の大学の名誉教授等もたくさん名を連ねているので、ここでの研究科長の仕事はこれらのVIPに順番に挨拶を行い、筆者が管理職を務める研究科について理解を深めてもらうことである（第六章「国内での営業」）。終了一七時、帰宅一八時。

日曜日。さすがに休日である。翌週の月曜日から火曜日にかけては、東京都内への出張のスケジュールを入れているので、重要なのはとにかく休むことである。ゆえに、趣味のロードバイクにも乗らず、プロ野球観戦にも赴かず、ただひたすら寝る（コラム「大学教員と趣味」）。こうして、大学教授のある一週間がようやく終わり、ふたたび月曜日がやって来る。

†大学教授という仕事

さて、以上、二〇二四年四月第二週の筆者の一週間を簡単に紹介してみたが、いかがだったろうか。多くの人が考える「先生」としての仕事の範疇を、大きく超えていたかもしれない。ちなみに、この週は新しい年度が始まって二週目、ちょうど新年度の講義が開始される時期に当たっているが、筆者は教育の準備のためにほとんど時間を割けていない。あわせて、韓国の政治を研究する筆者にとっては、四年に一度の国会議員選挙のタイミングにも当たっていて、その意味では少し通常とは異なるスケジュールになっている。たとえば、メディアの取材はもちろん、毎週このようにたくさん入るわけではなく、多くの場合、一週間か二週間に一社程度が平均的なペースである。なので「ちょっと盛っている」と言われればその通りである。

それでも大まかな「大学教授の仕事」の姿はわかる。まずもって明らかなのは、この週の筆者の大学教授の仕事の大半が研究や教育とは異なる事務的な作業で占められていることだ。事務方や本部から来ているメールへの返信や書類の作成、そして教授会や部局長会議をはじめとする本部の会議、さらには同じく「社会科学系」に属する近隣部局との会議等、無数の会議が入っている。これは筆者が現在、大学院の長である「研究科長」なる管理職についていることが大きい。「学内行政」事務と呼ぶ。

他方教育面については、筆者は大学院の専任教員、という珍しい立場なので、この大学では、この学期に大学院生向けの日本語講義を一コマ、同じく日本語での演習を二コマ、そして英語での演習を一コマしか担当していない。非常勤先の一コマとあわせて、計五コマ、時間にして四六〇分になる。だから、筆者の大学教授の仕事において、「実際に授業をしている時間」の割合は多くない。しかしながら、講義や演習には準備が必要であり、また、演習の前後には参加する大学院生の研究指導も行わなければならないから、実際に教育業務にかける時間は見かけよりもはるかに長くなる。

他方、大学教授の仕事、として多くの人が考えるであろうもう一つの仕事、つまり、研究に対しては、この週はほとんど時間が使えていない。だから、筆者は人文社会科学系の教員だから、さぞかし毎日たくさんの時間を使って本を読んでいるのだろう、と思った人は大間違いである。この週の場合、筆者が「本を読む時間」として使えた時間帯は、通勤のための往復の二時間と、自宅に帰って寝るまでの一時間程度くらいであるが、実際にはそれらの時間もほとんど使えていない。

また、この週の場合、たまたま行われた韓国の国会議員選挙に対する分析と、それに関わるメディア対応、さらには研究会での報告資料の作成を行っているが、こういった「時事解説」的な仕事はなかなか本格的な学術論文にはならない。この週に行った分析の場合には、翌々月に、とある大学が出している「研究誌」の一文として出版されることになるのだが、それが学術論文として、「研究成果」の一つに数えられるものであるかは、筆者本人にとってもかなり微妙である。テレビやラジオの出演はもちろん、新聞や一般向け雑誌への寄稿や、本書のような新書の執筆も通常は、研究業績には数えない。つまりは、研究とメディア等への社会的発信（大学の世界では「社会貢献」等といったりする）は、大学教員の世界では別物と見なされている。

でも、管理職であっても大学教員である以上、研究業績は出さねばならず、当然、そのための時間はどこかから割かなければならない。睡眠時間を削る、という人もいれば、休日に研究する、という人もいるだろうが、筆者の場合、休日にも結構仕事は入っているし、過去に睡眠時間を削りすぎて、本当に倒れてしまった経験もあるので、これ以上は一日の勤務時間を増やしたくはない。

なので、通常は二つの方法で研究時間を見出すことになる。一つは、先に紹介した二〇二四年四月第二週の例であれば、メディア対応や「時事解説」的な分析等に充てられている時間を、研究時間としてつぎ込むことである。つまり、「社会貢献」と「研究」の時間がゼロサム関係になっていることになる。

とはいえこれで捻出できるのは、一日に多くて数時間。そもそもほぼまる一日会議や講義・演習でつぶれていて、研究時間をひねり出せる余地のない日も多いから、一週間を通じても、確保できる研究時間は八時間もあれば万々歳である。つまり、少なくとも筆者の場合、本来与えられている週四〇時間の労働時間のうち、研究に使えるのは二〇%以下だ、ということになる。それでもこの二〇二四年四月には、短い英語での論文を一本、やはり英語での書評を一本、そして「時事解説」的な論文を一本、さらにはメディア用のコラムを二本書いている。

もちろん、こうした「研究」の仕事をこなすには、それなりの蓄積が必要であり、また細切れの時間をかき集めただけでは、本格的な研究はできない。これが辛うじて可能になるのは授業期間外、つまりは学生にとっては夏休みや春休みに当たる時期だけ、ということになる。筆者の場合、研究のフィールドは韓国なので、最低でも年に数回、可能なら一回当たり一週間から二週間程度まとめて滞在して、資料収集や調査を行いたいところだ。シンポジウムや学会のためにも足を運ぶので、韓国には年に五回以上滞在するのが通常である。

しかし、今の筆者は研究科長職にあるのでそれも難しい。授業期間外といっても、授業が実施されないだけで、大学の行政事務や会議がなくなるわけではないからだ。本部や文部科学省に提出する書類の作成を急に求められたり、教員や事務職員、学生間にトラブルが起こったりすれば（その中にはいわゆるハラスメント案件も含まれる）、その解決のために動かなければならない。「DX化」が叫ばれる昨今にもかかわらず、国立大学の業務は基本「ハンコ」で行われているから、物理的に大学を離れてしまえば、事務作業は大きく停滞することにもなる。

なので、筆者の現状では、資料収集や調査といった研究のための出張に赴くことも難しい。実際、研究科長初年の二〇二三年度は、海外出張は二回しか行えなかった。しかも、一度は提携先大学とのシンポジウムのための出張であり、会場での挨拶のためだった。だから、研究のための出張はわずか一回だけだったことになる。

とはいえ、それでも論文は書き、出版しなければならないので、書きつづけるのだが、資料収集や調査が不十分だと徐々に資源が枯渇し、「ネタ切れ」に近い状態になってくる。「改革」という名のもとに、本部や文科省に提出しなければならない書類は増えつづけ、その内容を議論する会議も増えつづけている。教育や研究といった、本来やるべき仕事に使える時間は減少し、学生に対するサービスのレベルや論文の水準にも影響する。同じことは、事務職員の待遇についてもいえる。増えつづける仕事と、これに反して減りつづける予算の中で行われる人員削減により、疲弊した教員や職員の中には、メンタルを壊して休職や辞職に追い込まれる人も多くなっている。

二〇二四年、大変遺憾ながら、それが現在の大学教員の仕事、の実態になっている。本書ではこのような日本の大学と教職員が置かれた有様を、ありのままに紹介し、多くの方に今の大学がどういう状況に置かれているかを知ってもらうことを目的としている。そしてそこから多くの人々が、大学がいかにあるべきであるかを考え、また、大学という組織をどうやって自らの生活や人生に役立てるかを考える材料を提供できれば、と思っている。

序章　国立大学三〇年

†私的三〇年史

さて、すでに冒頭でも述べたように、一口に大学といってもきわめて多様であり、当然そこにおける大学教授の仕事の内容もさまざまである。たとえば考えてみて欲しい。一八歳で東京大学に入り、そのまま大学院に進み、優れた博士論文を書いて、二七歳で母校の准教授に就任し、そのまま順調に昇進し、筆者と同じ年齢で東京大学教授を務めている人がいるとしよう。この場合、その人は一八歳からずっと同じ大学で学び、仕事をしてきたわけだから、「大学以外のことは知らない」のみならず、東京大学以外の大学の日本のことをくわしく知る機会すらなかったに違いない。東京大学は日本の代表的な「研究大学」だから、業務のかなりの部分は研究が占めているだろう。他方、この大学では「学生募集に困る」ことはないだろうから。学生を集めるために日本、さらには世界を飛び回るような仕事は決して多くないに違いない。

他方、地方大学の夜間主コースで学び、仕事をしながら大学院に通って、苦労して博士論文を書き上げ、四〇歳を過ぎてようやく、小さな地方の町の小さな大学に職を得た人がいるとしよう。少子高齢化の進む現在、小さな地方大学での学生集めは大変であり、ときに地元の高校に挨拶に行ったり、海外まで留学生を集めるために足を運んだりすることも多い。授業負担も重く、研究に避ける時間は少ないだろう。そうした地方の小さな大学教授の仕事と、先のようなエリートコースを歩みつづける人々の仕事が同じであるはずがない。両者の住む世界は余りに隔たっており、ときに共通点を探すことすら難しい。

重要なのは、全ての人に共通する「大学教授という仕事」などというものは、本当は存在しない、ということだ。異なる大学、異なる部局（学部や大学院のこと）、異なる地域、そして異なる研究分野の大学教員の経験は、どれも少しずつ異なっている。だから、大学教授は互いの仕事については実はよく知らないし、知る機会すら多くない。

そして、それは筆者についても言うことができる。本書を読めばお分かりのように、筆者の大学教員としての経歴は、かなり特異なものであるし、そもそも普通の大学教員は、「国立大学教授の仕事」などという表題で、本を書いたりはしない。だからこそ、本書に書かれている大学教員の姿も、あくまで、筆者が三二年間の大学教員生活において垣間見た、大学教員の仕事のごく一部、でしかないことに注意してほしい。

そしてだからこそ、本書でもまず、その著者である「私自身の経験」がどんなものであったかを、その背景として記しておく必要があるだろう。簡単に書けばこんな感じだ。

筆者は一九六六年生まれで、一度大学受験に失敗し、一九八六年に京都大学法学部に入学した。その後、そのまま一九九〇年に京都大学大学院法学研究科に進学し、「比較政治学」を専攻した。主たる研究の対象は韓国の政治文化。大学院では修士課程を経て、そのまま博士課程に進んだが、幸いにも博士号を取得するよりも早く、就職の話が決まり、四国にある愛媛大学法文学部に助手として採用された。一九九三年のことである。その後、一九九四年には講師に昇任し、一九九七年には現在も勤務している神戸大学大学院国際協力研究科に助教授として赴任する。その後二〇〇五年に教授に昇進し、二〇二三年からは研究科長、つまりは大学院の長を務めている。学部でいえば学部長に当たる職務である。ちなみに最初の就職時には有していなかった博士号は、二〇〇〇年に最初に出版した単著を学位論文として母校に提出し、取得することとなっている。

さて、この筆者の経歴における大学教員としての特徴はいくつかある。一つは実力不相応なほどの順調な就職と昇進である。この点において、重要であったのは、幸運と時代だろう。筆者が専門にした韓国政治研究は、始めた時点の日本では専門にしていた人は決して多くなかった。加えて筆者が大学院時代を過ごした一九九〇年代初頭はバブル景気崩壊後まもない時期であり、大学教員のポストもきわめて「広き門」だった。

もう一つの特徴は、筆者が学生のときから現在に至るまで、一貫して国立大学に所属していることである。つまり、筆者の学生時代から大学教員になった現在に至るまでの「大学」での経験は、海外や非常勤講師としてのものを除けば、全て国立大学におけるものである。日本の制度においては、国立大学と私立大学の置かれた立場は大きく異なっており、ゆえに筆者がこれから語る「大学」の姿とは、本書のタイトルの通り主として国立大学のそれであることに、注意して欲しい。

そして最後に強調しておかなければならないのは、幸いにして早い段階で職を得た結果として、筆者の大学教員生活が五九歳にして、すでに三〇年以上の長きにわたっていることである。しかもその時期はちょうど日本経済が「失われた三〇年」を経験した時期に当たっている。当然、その中で大学を巡る状況も変わっていった。

†はじめての赴任

だとすれば、筆者が若い頃に見たかつての国立大学の姿とはどんなものだったのだろうか。筆者が学部生時代を過ごしたのは、「二一世紀は日本の世紀だ」という賛辞が飛び交う一九八〇年代。大学の世界でも、「日本の大学」に対する楽観的な展望が溢れていた時期である。たとえば、大学院生のときに参加した、とある著名なアメリカ人研究者を招いて行われた研究会で、日本側の先生が「アメリカの博士論文に相当するのは、日本では修士論文だ」と述べるのを聞いて、筆者は椅子から転げ落ちそうになるほど驚いた。もっとも、この先生が言いたかったのは、日本の大学院のほうがアメリカよりレベルが高い、ということではなく、当時の日本の社会科学系大学院では、大学院在学中に博士論文を仕上げることが少なかったので、大学院生時代の主要な業績として残るのは修士論文だけだ、ということだったのだが、それにしても今では考えられない表現であり、当時の日本の大学教員の強い自負を象徴する話である。

そして、現在と異なっていたのは、大学関係者の日本の大学に対する自負だけではなかった。当時の日本においては、一般的に国立大学の評価が私立大学よりも高く、研究環境も教育環境も優れている、と理解されていた。とりわけ筆者が生まれ育った近畿地方においては国立大学の存在感が相対的に大きく、ゆえに筆者もまた漠然と、就職できるなら国立大学が良いと考えていた。もちろん、当時から大手私立大学教員の給与が、国立大学のそれよりはるかに高いことは知っていた。しかし、若くて無知だった自分にとっては、国立大学では授業負担が相対的に少なく、社会的評価や経営が安定しており、何よりも研究環境が優れていることのほうが、重要だった。

国立大学に就職したい。筆者の思いは、あっさりと叶い、筆者は愛媛大学に赴任する。ずいぶん早い就職だが、多分に幸運と時代の賜物である。正確には、愛媛大学法文学部助手、としての赴任である。ちなみに当時はまだ助教という職階は存在しない。そもそもそれ以前に助手と助教はどう違うのだ、と思われる向きも多いだろう。簡単にいうなら、大学の教員ではあるが、授業等を担当せず、学生指導等もできないのが助手、対して、ほぼ同じ待遇でも授業等を担当し、制度的には学生指導も可能なのが助教である（ただし可能であるからといって、全ての大学で助教に学生指導や授業を行わせているわけではないことに注意が必要である。表1、表2参照）。

では、当時の愛媛大学法文学部における助手はどのような扱いだったのか。まず、述べるべきは、この助手のポストが、多くの人が「助手」という名前から想像するような、どこかの教授のアシスタント、ではなかったことである。つまり、筆者が就任した助手は、講座において独立した地位を与えられた一人の教員であり、ゆえに自らの研究を自らの判断で進めることができた。研究室も年輩の教授等とまったく同じく一室をまるまる与えられ、未だ予算に余裕があった時代、数十万円程度の研究費さえ分配された。給料は手取り

職階	学部授業	学部演習	大学院授業	大学院指導	教授会出席	部局委員	全学委員
教授	○	○	○	○	○	○	○
助教授	○	○	○	△	○	○	△
専任講師	○	○	△	×	○	△	×
助手	×	×	×	×	×	×	×

表１　職階による仕事の振り分けの一例（国立大学独立法人化以前）

職階	学部授業	学部演習	大学院授業	大学院指導	教授会出席	部局委員	全学委員
教授	○	○	○	○	○	○	○
准教授	○	○	○	△	○	○	△
専任講師	○	○	△	×	○	△	×
助教	○	○	△	×	×	×	×
助手	×	×	×	×	×	×	×

表２　職階による仕事の振り分けの一例（国立大学独立法人化以後）
注　どちらもあくまで例であり、大学や部局により変えることができる。また同じ職階でも異なる仕事が割り当てられることもある。

で月給一七万円程度と多くはなかったが、赴任先が物価が相対的に安い地方都市の松山であったこともあり生活には困らなかった。

そもそも助手には授業をする権利がないので、ルーティーンの仕事として義務付けられていたのは、学部の会議である教授会のさらに下にあった学科（筆者は法文学部の法学科に属していた）の会議に月一回出席すること、そして、入試業務等に従事することくらいだった。

さらにいえば、当時の国立大学ではこの助手のポストに余りがあり、ゆえにこの法学科では助手のポストの一部を事務系の仕事に回して、学部を卒業したばかりの人たちを採用していたりした。「事務助手」と呼ばれた制度である。だから、筆者もこの大学に赴任した最初の日、この「事務助手」と呼ばれた人たちと一緒に辞令を受け取った。肩書はまったく同じ助手でも、彼等には研究室や研究費は与えられず、所定の部屋で製本や授業資料作成のためのコピー作業等に従事していた。

大学に赴任して最初に驚いたのは、誰も仕事の内容について教えてくれないことだった。辞令を渡された後、給与の振り込み用紙の出し方や鍵の使い方等の簡単な説明は受けたものの、勤務形態や労働条件についての話は何もなかった。臆病な筆者は、そもそもこの大学が週休二日制なのかを尋ねることすらできず、赴任後最初の土曜日に恐る恐る大学に「出勤」し、その日が営業日でないことを確認したくらいである。一体週に何日出勤して、何時から何時まで職場にいないといけないのかも、誰も教えてくれなかったのだが、そのうちそもそもそんな確固たるルールなどないことを、自ずから悟ることとなった。

一年後には講師に昇進した。ちなみに大学では講師には、フルタイムで雇われている専任講師と、パートタイムで雇われる非常勤講師があるのだが、この場合は専任講師である。助手から専任講師への昇進の基準はわからなかったが、たまたま出席した会議で、教授への昇進の目安については聞くことができた。驚くなかれその基準は「論文六本」だった。当時の政治学系の論文のカウント方法では、査読の有無や雑誌の良し悪しは考慮されていなかったので、学内の紀要であろうと何であろうと「論文」が六本あればよいというわけである。だったら書けないわけがないだろう、そんなので落ちる奴などいるのか、と思ったのは、今だから言えることである。当時の地方国立大学で昇進のために求められていた研究業績のレベルがいかに牧歌的であったかがわかる。

専任講師になって変わったのは当然、授業を持つようになったことである。当時の担当授業は、半期二単位の「政治学」を二回と、同じく「アジア政治」を一回、そして通年での「政治学演習」、つまりはゼミ、で全てである。ちなみに、専任講師に昇進しても給与が大きく上がったわけではなかったので、数万円の月給増加の代わりに、授業負担が生じた形になった。閉口したのは、ここでもやはり何のガイダンスも行われなかったことだった。愛媛大学も伝統ある国立大学であり、当然のように何かしら講義のためのマニュアルがあり、たとえば「政治学」の講義で教えなければならない、最低限の項目等があるだろう、と思ったのだが、そんなものは一切なかった。そもそもこの時点では大学にはちゃんとした「シラバス」なるものすらなく、わずか数行の履修案内があるだけだったはずである。学生はそれを見て履修を決めていたわけで、考えてみれば凄い話である。

そしてそれは教員の側からいえば、「何を教えてもいい」ことを意味している。あろうことか年配の——といっても思い起こせば皆さん四〇歳前後だったのだが——先生方から

「木村君が政治学で何を教えるのか楽しみにしている」と揶揄される有様であり、大学という組織はこれでよいのか、と思ったものだ。

こうして、ようやく授業を開始して、大学教員らしい仕事をするようになった筆者であったが、今から考えると、この時点ではまったくやっていないことがいくつかある。一つは大学院での教育である。これには二つ理由がある。一つは当時の私が依然専任講師であったこと、そしてそもそも大学院での教育を行うには、単に大学教員であるだけでなく、一定の研究業績等を持っていなければならない、という決まりがあるからである。ちなみに大学院にて、論文指導等を行う資格を業界用語で俗に「マル合」などといったりする(表3)。この下には、大学院で論文指導の補助のみを行うことができる「合」や、授業だけができる「可」という資格が存在する。さらにいえば、大学院には修士号を授与する「博士前期課程」と博士号を授与する「博士後期課程」の二つがあるので、さらにこの「マル合」「合」は、博士後期課程でも学生を指導したり授業をしたりすることのできる「Dマル合」「D合」「D可」と、博士前期課程のみの指導や授業が可能な「Mマル合」と「M合」と「M可」に分かれることになっている。なお、認定不適格者は「不」と呼ばれることになっている。結構ひどい呼ばれ方だと思うのは、筆者だけではないだろう。

わかりやすく言えば、当時の筆者の業績はこの「マル合」の要件を満たしておらず、ゆ

資格	学部授業	学部学生指導	博士前期課程授業	博士前期課程論文指導	博士後期課程授業	博士後期課程論文指導
Dマル合	○	○	○	○	○	○
D合	○	○	○	○	○	△ 補助のみ
D可	○	○	○	○	○	×
Mマル合	○	○	○	○	×	×
M合	○	○	○	△ 補助のみ	×	×
M可	○	○	○	×	×	×
不	○	○	×	×	×	×

表3　大学院生指導の資格の一例
注「補助のみ」とは、指導教員にはなれないが論文審査に加われること。

えに大学院での授業はできなかった、ということになるのだが、それは後で知る話である。なぜなら、筆者の勤務先では、個々の教員に対して、自らが「マル合」なのか「合」なのか、はたまた「不」なのかは、フィードバックしない仕組みになっていたからだ（もちろん、きちんと説明をしている大学や部局もある）。さらにいえば、それぞれの資格を与える基準は大学や大学院によっても異なるので、外部からは誰が何の基準を満たしているのかは、ほとんどわからない。つまり、「博士後期課程の論文指導をしているので彼はDマル合だ」ということが結果としてようやくわかる、という奇妙な制度になっていた。

当時の筆者が行っていなかった仕事の二つ目は、学部他の組織の運営業務である。後にくわしく述べるように、大学にはさまざまな学内行政事務があり、多くの教員がさまざまな委員等に任命されこれを処理している。たとえば、教授会に上がってくるさまざまな議題や報告は、これらの下部にある委員会によって処理され、その議論を経たものが大半である。しかし、それらの職務を捌《さば》くには一定の経験が必要だとみなされている。ゆえに若い助手や助教、さらには専任講師がこれらの役職に就くことは、多くない。

だからこそ、若手の研究者には、大学がどのようにして組織され、運営されているのかはなかなかわからない。教授会に出席することができても、多くの場合、会議の以前に議論の方向性は決まっているし、背景になる情報がなければ、なぜその議題が上がってきたかすらわからない。加えて国立大学には、大学全体の教育の在り方を定めた「教学規則」や各研究科ごとに定められた「研究科規則」にはじまる、膨大な「規則」や「細則」「要綱」「覚書」「申合せ」等が存在するが、その解説を積極的にする人もほぼいないので、若手教員は辞書にも等しい分厚いファイルを渡されて、途方に暮れることになる。

†教養部解体と学部改組

さて、すでに大学の職階について説明したように、三〇年前と現在では、大学の仕組みは大きく変わっている。とりわけ国立大学においては、二〇〇四年に行われた「独立行政法人化」の影響は甚大だった。即ち、かつての国立大学は独立した法人格を持つ存在ではなく、文部省（二〇〇一年に科学技術庁と統合され、現在は文部科学省）の官僚組織の一部であった。だからたとえば、筆者が一九九三年に愛媛大学に就職したときには、その身分は「文部教官」だった。つまりは、文部省所属の官僚である教員という意味である。地方自治体が運営する小中高校が地方自治体の組織の一部であり、教員にその地方自治体公務員の資格が与えられているのと同じだと考えればわかりやすい。

しかし、一九九〇年代に入ると、このような国立大学の在り方は、大学の運営から自由度を奪うものであり、それが日本の高等教育の停滞の原因となっている、との批判を生むようになった。ここから国立大学を文部省の官僚組織から切り離し、おのおのの特色を生かした、個性ある発展が可能な制度に改編するべきだ、とする主張が生まれることとなった。すでに一九八〇年代に国鉄、電電公社、専売公社が民営化されており、国立大学に対しても類似した主張が向けられたことになる。

こうして国立大学は、「国立大学法人」という形で、国の官僚機構から切り離されるのだが、それは少し先の話である。国立大学の改革を巡る議論は、各大学の運営において、より大きな自由度が与えられることを前提としてなされており、当初はまず、既存の制度を前提とした上で、これまでの学位等にかかわらずに、相対的に自由に学部等の改革ができるような方向で法令の改正が行われた。

こうして、多くの国立大学では文部省が求める「時代の要請」に合った新しい学部や大学院を立ち上げる動きが活発化する。各大学がこのような改革に飛びついた理由の一つは、改革に「予算」がついてきたからだった。文部省は目の前に「予算」という名のニンジンを吊り下げることで、国立大学を自らの望む「改革」へと導こうとしたのである。

しかし、学部や大学院の改革には、前提となる予算やポストが必要であり、そのためにどこかの組織を解体し、新組織に充てる必要がある。そして、そのターゲットと見なされたのが、国立大学の多くに設置されていた、教養部であった。こうして一九九〇年代前半、国立大学では教養部解体と新学部・大学院設置が並行して行われることとなった。

それは筆者が勤務する愛媛大学も例外ではなかった。当時、愛媛大学法文学部には、文学科、経済学科、法学科の三つの学科が置かれており、より大きな国立大学における、文学部や経済学部、法学部に相当する役割を果たしていた。学科の独立性も高く、ほとんどのことは学部全体の教授会ではなく、学科の会議で決まっていたように思う。

しかしながら、突然、この三つの学科が、統合再編され、人文学科と総合政策学科の二つに再編成されることになった。当時の筆者にはよくわからなかったが、すでに先立って教養部は解体されており、その所属教員は各学部に再配置されることとなっていた。このような組織解体後の別組織への教員の分散配置を俗に「分属」と呼ぶ。そして、ここで厄介なのは、この「分属」においては、個々の教員が自らの専門にふさわしい学部や大学院に配属されるとは限らないことだ。

たとえば教養部で憲法学を教えていた教員がいるとしよう。この教員が「分属」において、自らの専門にもっとも近い、法学部や法学科に行けるか、といえば必ずしもそうではない。なぜなら、すでに既存の法学部や法学科には憲法担当者が存在するからだ。むしろ、各部局が欲しいのは、人ではなく、彼らが座っているポスト、よりわかりやすく言えば人件費である。そのポストを得ることにより、各部局では新たに人を雇い、新たな講義等を増やすことができるからである。

「改組（大学では組織改革をこう呼ぶ）のときにもっとも人気があるのは、評判が高くて研究実績がある人じゃなくて、来年退職の先生なんだよ」。そう語る先輩教員の話を聞きながら、わが身を顧みて恐怖に身を震わせたものである。要は早く辞める人が良い人だ、というわけだからである。

さて、肝心の法文学部の組織改革もまた大変だった。文、経済、法の三つの学科が再編成され、人文と総合政策の二つの学科ができるというのだから、文学科がそのまま人文学科になり、経済と法の二つの学科が統合して総合政策学科になるのだろうと、思ったら、問題はそれほど簡単ではない、という。なぜなら、単に既存のものに看板を掛け直すだけでは、文部省の求めるような改革にはならない、というのである。だから一定数の教員の学科間の異動と、カリキュラムの組み替えが必要だ。年配の教員たちはそう説明してくれた。

そして筆者自身も初期の改組案では、総合政策学科ではなく、人文学科に配属予定のリストに入っていた。当時書いていた論文が、朝鮮半島の一九世紀における政治史に関わるものだったため、「政治学」よりも「歴史学」に近いと見做《みな》されたのかもしれない。つまりは、いきなり政治学者失格の烙印を押されそうになったわけで、大きな衝撃を受けた。結局、議論は紛糾に紛糾を重ねた結果、筆者自身は総合政策学科に配属されることで落ち着いたものの、講義名称は「政治学」から「政治システム論」に変更されることになった。ちなみにこの改革により、憲法学に関わる講座が「ガバナンス講座」と名称変更されるなどの事態も起こっている。これも改組を行う際にはいろいろなものを新しく変えろ、という文部省からの要求の結果である。

†異動の掟

結局、組織改革がなされ、講義の名前も変更されたものの、実際に要求される授業等の内容はほとんど変わることはなく、大騒ぎの後にもかかわらず、筆者の日常は大きく変わらなかった。まだまだ時間に余裕はある時期だったので、頼まれて愛媛大学の隣にある松山大学の講義も非常勤講師としていくつか引き受けた。九六年に入ると、他の教員の了解を取り付けた上で、韓国国際交流基金からの奨学金を取り、八月から一月までの半年間、韓国にて研究生活を送ることもできた。該当する時期の講義は本来後期に設定されていたものも含め、全て前期の時間割に押し込んでの留学である。ちなみに大学では、こうした研究のために大学を離れ海外の研究機関等で学ぶことを「在外研究」、あるいは「サバティカル」と呼ぶ。とはいえ、これまた曖昧なシステムであり、「x年に一度」というルールを決めている大学もあれば、何も決めておらず、誰かが外部から資金を獲得すると、それを正当化理由として在外研究を認める、というところもある。

ちなみに筆者が今日までに所属した二つの国立大学は、サバティカルにおいてはどちらも後者の制度を取っており、結局、筆者は今日まで長短あわせて四度の在外研究を許してもらうことになっている。この点については、大学教員の中で、かなり恵まれた事例に違いない。

さて、そんななか、筆者に次の大学への人事異動の話が持ち上がる。神戸大学にある国際協力研究科から九七年四月を期して、愛媛大学から異動しないか、という誘いが来たのである。最初の連絡があったのは九六年一月だったから、実際の移動の一年以上前に打診を受けたことになる。すでに愛媛大学の関係者には、神戸大学から話が行っていたらしく、筆者が知らされたのはその後のことだった。承諾の返事をすると、その後しばらく連絡はなく、春学期が始まった頃、神戸大学に一度顔を出し、話をすることとなった。今、思い起こせば一種の面接だったのかもしれない。その後、ふたたびしばらくの間連絡がなく、一二月に神戸大学から「割愛願い」が来て、愛媛大学の教授会にて審議されることになった。年配の先生方から、こういうときにはおとなしく教授会の間、研究室で待機しているものだ、と言われて、急遽、在外研究中のソウルから松山の研究室に戻り、結果を待った。こうしてそれが認められた結果、一九九七年四月からの神戸大学への異動が決まることになった。

†国立大学間の異動

さて、ここまでの話で重要なのは、これが国立大学の「独立行政法人化」前の話だということである。すでに述べたように、当時の国立大学は文部省の官僚組織の一部であり、教職員は「国家公務員」だった。だから、たとえば事務職員は、同じ国家公務員なので大学の垣根を越えて、他の国立大学や文部省本体との間で異動することも多かった。ちなみに現在でも国立大学では、文部科学省や他の国立大学の間を異動する「異動官職」なるポストが存在するが、これはこの昔の制度の名残である。

もちろん、教員の側は基本的に各大学各部局の決定により採用されていたから、大学を超える人事は通常は存在しなかった。とはいえ、筆者のように国立大学間を異動する例もあり、その場合の取り扱いは基本的に事務職員と同じになった。つまり、同じ文部省の組織間の異動であるから、そこに退職と就職のプロセスは存在しないのである。だから、筆者もこの時点では退職金等をもらうことはなかったし、現在の大学における勤務歴も愛媛大学時代からの通算でカウントされている。

このような大学間の人事異動を円滑化させるために作られた制度が、先の「割愛願い」なるものである。異動先の大学が異動元の大学に「割愛願い」を送り、これが認められることにより教員の異動が可能になる、というシステムである。ちなみに、仮に異動元の大学が「割愛願い」を認めなかったらどうなるか。この場合、異動を希望する教員ができるのは、元の組織に留まるか、あるいは、辞表を叩きつけて、今の所属先を辞め、新たな所属先に再就職することである。当時の制度であればいったん「国家公務員」を辞めて、すぐに「国家公務員」になるという奇妙なことになるのであるが、万一、これを行うと勤務歴が断絶し、給与や退職金の計算に多大な影響が出る。だから、他大学への異動を認めてもらうには、ひたすらその時点での所属先に忠誠を誓い、「割愛願い」が認められるのを大人しく待つ、のが賢明である。

だが、それは今から四半世紀以上も前の話である。今では、各国立大学は「独立行政法人」として別組織になっているので、例外的な規定がなければ、国立大学から国立大学へと異動すると、私立大学へ異動した場合と同じく、勤務歴が切れ、退職金が発生する。これはこれでなかなか複雑な制度である。

†黎明期の独立研究科

当時の国立大学が置かれた状況が今と大きく異なっていたのは、異動に関わるものだけではなかった。たとえば、筆者が異動した神戸大学大学院国際協力研究科は、一九九二年に新設された「開発系」の大学院の一つだった。その最大の特徴は、学部を持たない「独立研究科」であることであり、ゆえに、学部の授業やゼミを担当する義務は存在しなかった。実は大学教員の中には、多くの人がイメージされるような「学部」で教えている人だけではなく、大学院だけで教えている人、一～二年生向けの共通教育（昔の教養部課程に相当）を主として担当している人、さらには「ｘｘセンター」や「研究所」等に所属する人もいるのである。

筆者は神戸大学には「助教授」として赴任したので、この段階で職階が専任講師から一段階上がっている。ちなみに、現在ではこの助教授というポストは一部の大学を除いて廃止され、「准教授」という名称になっているが、助手と助教との関係とは異なり、この両者の間には、建前はともかく、実質的な職責の違いは存在しない、と考えてよい。

それでも新しい大学に移ったのだから、仕事の内容は変わる。もっとも大きく変わったのは、先にも述べた授業負担である。担当しなければならない授業も、当初はなんと博士前期課程一年生を対象にした演習、つまりはゼミ二コマだけ、という状態だった。助教授は指導学生を取らない決まりになっている、と説明されたものの、今になって冷静に振り返れば、同じ時期に在籍した助教授の中には、演習以外の授業を担当していた人もいたから、これはこの段階での筆者が依然、「Mマル合」ではなく、「M合」の資格しか有していなかったことを意味しているのだろう。

当時の国立大学では、学部教育から大学院教育に重心を移す「大学院重点化政策」なるものが行われており、文部省は分厚い予算的支援を行っていた。ゆえに研究科の資金も潤沢であり、愛媛から異動したての筆者は、ソファーや机をはじめとした研究室用の設備も、新しく購入してもらうことになった。大学の組織がどうなっており、何をどうすればよいのかについての、オリエンテーションはこのときもやはりなかったが、すでに愛媛大学で四年を過ごした後だったので、基本的に同じように考えればよいだろうと構えることにした。

さて、授業の負担が少なく、指導学生がいないということは、裏を返せば教育面での貢献を期待されていない、ということである。専任講師がおらず、助教授と教授だけで構成されていた当時のこの大学院において、最年少の筆者はどこからどう見ても「下っ端」であり、ゆえに各種の委員会等で重要な仕事が回ってくるはずもなかった。時間は余るほどあり、なすべきことといえば、研究で業績を上げることであり、それにより大学院生を指導するに十分な資格を獲得することだった。

そして、さらにいうなら、研究で業績を上げるためだけなら、べつに毎日大学に通い、研究室に詰める必要すら存在しなかった。だからこそ、神戸大学は一年足らず後の九八年三月、筆者に本格的な在外研究の機会を与えることを提案する。当時の国立大学には、文部省から配当される教員が在外研究を行うための資金があり、これを赴任したばかりの筆者に与えるから、海外にいって勉強してこい、というのである。在外研究のために与えられた資金は約四〇〇万円強。給料に加えての支給である。とりあえずそれで一年行ってきて、必要ならさらに自己負担で一年延ばしてもよい、というのである。なんとも恵まれた話である。

韓国政治を研究する筆者であるので、であれば、留学先は韓国、と考えていたところ、

☆若き日の木村幹☆
愛車はモスグリーンの
Yamaha SRX400改

せっかくの機会だからアメリカに行け、と言われて結局、ボストン郊外にあるハーバード大学に留学することになった経緯は、別著『韓国愛憎』（中公新書、二〇二二年）で書いた通りであり、ここでは同じ話は省略したい。ともあれ、思った。さすがに一流の国立大学の教育・研究環境は違う。これなら研究資金に苦労することも、将来を悲観することもなく安心して過ごせる、そう思っていた。筆者が三二歳のときの話である。

そして、それから二七年が瞬く間に過ぎて、今は二〇二五年。筆者の年齢も当然のことながら同じだけ増えて、現在五九歳になっている。この間、国立大学は文科省の官僚組織から分離されて、「独立行政法人」になり、以後、厳しい予算削減が続けられている。後にくわしく述べるように筆者の勤める大学院も、かつてとは一変して深刻な予算難に直面し、図書館の経費や電気代を払うのすら危ない状態になっている。人件費も大きく削減され、教員数は大学設置・学校法人審議会が定めた基準のぎりぎりにまで減らされている。新規採用はもちろん、若手の昇進も困難な状況であり、組織には重苦しい雰囲気が流れている。

そして筆者は、今、この大学院にて研究科長なる役職に就いている。わかりやすく説明すれば、学部であれば「学部長」に当たるポストである。他方、研究活動においては紆余曲折を経て、いくつかの学会の会員を辞め、新たにいくつかの学会の会員になり、一つの学会の会長と、もう一つの学会の理事を務めている。

こうして書けば、順調きわまりないように見える筆者の大学教員としての人生であるが、少なくともそれは若かりし頃の筆者が想像していたのとは、ずいぶん異なるものになっている。立場も変わって、管理職的な立場になったので、良くも悪くもこの「大学」という世界の仕組みもそれなりにわかるようになってきた、気がしている。

それでは、二七年後の今「国立大学教授の仕事」はどのようになっているのだろうか。

第一章　大学教授はどう採用される

†大学教授って誰のこと

さて、ここからは「今」の大学について、ふたたび筆者の周囲の例から、先に書いた「前世紀」との違いを念頭に置きながら具体的に紹介してみよう。

まず、そもそも「大学教授」にはどうやればなれるのだろうか。最初に整理しておかなければならないのは、少なくとも公式には、大学における「教授」とは職階であって、仕事の種類ではない、ということだ。すでに紹介したように、大学教員には、他にも、助手、助教、講師、准教授等といった職階があり、「教授」はそのうちの一つにしかすぎない。だから、通常は若い頃の筆者のように、最初は助手や助教からキャリアを開始し、そこから一つひとつ審査を経て、職階を上がっていくことになる。

また、「教授」という名前がついていても、本来の「教授」とは異なるものも存在する。その典型的な存在が「名誉教授」である。ときに誤解されているが、「名誉教授」とはその大学に長年勤務した人等、特定の大学に貢献した人が、大学から与えられる「称号」にすぎない。言い換えるなら、よほど特別な場合を除き、「○○大学名誉教授」は、その大学との間に雇用関係はなく、給料を一円ももらっていない。さらにいえば名誉教授は称号なので、いったん与えられれば、よほどのことがないかぎり、死ぬまで、いやより正確には墓場に入っても名誉教授である。大学によって異なるのだが、具体的な特典としてついてくるのは、現役時代と同じく図書館が利用できること、さらには大学や部局によっては、必要なら大学の名前を使って研究費に応募したり取ったりできること、名誉教授全員で共有する「名誉教授室」が使えること、くらいだろうか。雇用関係がないので教授会等には出られないし、大学から研究費が与えられることも、普通はない。

もう一つややこしいものとして、「客員教授」というものがある。これもまた基本的には称号であり、その大学に、他大学や企業、官公庁から一時的にやってくる人に与えられるものである。筆者も韓国の大学で「招聘《しょうへい》教授」という称号を持っていた時期があるが、これも基本的に「客員教授」と同じものである。そして称号なので、その待遇もさまざまだ。大学との雇用関係がなく、給料等を一切もらっていない例もあれば、授業を行っている時間だけ「時給」でもらっている人もいるし、一般の教員と同じく、フルタイムで月給をもらっている人もいる。最初の例は、外部から大学にやってきて研究等の場を借りている「客員研究員」、二番目は外部からやってきた「非常勤講師」、そして最後は任期付きで雇われている教員に、おのおの「客員教授」という称号が与えられている例だと考えればわかりやすい。つまりは、これらは本来まったく違うものなのだ。ちなみにこちらは「客員准教授」という称号もあったりして、本来の勤務先等での肩書が「准教授」だったり、若い人を招く時等に使用したりする。

ついでに書いておけば、同じく「教授」の前に漢字がついているものとしては、「特任教授」や「特命教授」等もある。一般に外部資金等で雇われる任期付きの教員に使われる名称であるが、実際の称号の使用方法は大学によって異なっている。筆者の勤務先では、一般の任期付きの教員を「特任」、その中でも「国内外の特に優れた能力又は高度の専門的な技能又は資格を有し、寄附金等の経費により、年俸により雇用される者」が「特命」とされている。「特任准教授」等といった使い方をしている場合には、「特任」が任期付きであることを示し、「准教授」が職階を指している。

もう一つ大学外の人にわかりにくいのは、「大学で授業をしている人が教授」ではない、ということだ。たとえばすでに述べたように、筆者は近畿地方のとある私立大学で授業をしているが、その大学での肩書は「非常勤講師」であって、「教授」ではない。この場合には「神戸大学教授」がその大学で「非常勤講師」として働いている、というかたちになる。不思議なことにこちらは「非常勤教授」とか「非常勤助教」というものは通常存在しない。理由は不明である（海外では存在するところもある）。

†公募と引き抜き

さて、少し長くなってしまったが、これらの全てについて説明するのも難しいので、ここでは、「教授」ならぬ、フルタイムの大学教員がどのように採用されるのかについて、整理してみよう。

たとえば、プロローグで書いたように、若い頃の筆者は愛媛大学と神戸大学におのおの「お声がかかる」形で採用されている。つまり、自ら積極的になんらかの就職活動をした結果としてではなく、就職の話が勝手に降ってきた、というとんでもなく恵まれた例である。こういう、大学側が候補者を自ら指名し、誰かを大学教員に採用するやり方を、公には募集しない、という意味で「非公募」人事といったりする。他の大学から採用する場合には、「引き抜き」である。少し上品に「招聘人事」という表現が使われることもある。

とはいえ、かつては普通であったこのやり方は、現在では、一部の分野を除いて一般的ではなくなっている。なぜなら、競争のない教員の採用のやり方は、学閥等による「コネ人事」の温床であり、不公正だという認識が広まったからである。代わって今日、圧倒的な主流となっているのが「公募」による採用である。大学のホームページや科学技術振興機構（ＪＳＴ）が設置している特別サイトに、「募集要項」を掲載し、募集する分野や職階、待遇等を示し、広く候補者を募る形式になる。たとえば、筆者が勤務している大学院における過去の例を紹介するならこんな感じだ。

募集要項

1. 担当授業科目
助教は、英語での関連科目の講義を担当
准教授は、日本語及び英語での関連科目の講義、演習を担当
担当講義は、応募者の専門分野に応じて決定する

2. 研究分野
開発運営論、開発評価論、教育開発論、国際保健医療論、開発経済論

3. 募集人員
一名

4. 応募資格
（1）大学院レベルの講義、研究指導を日本語および英語で行えること
（2）上記の研究分野に関連する博士の学位を有する、あるいはそれと同等の研究実績を有すること
（3）開発途上国の問題と関連した講義を行えること
（4）全学共通科目「現代の経済」を担当できること
（5）国際機関、援助機関等での実務経験があることが望ましい
（6）開発途上国におけるフィールド経験があることが望ましい

5. 職種
助教または准教授

6. 任用期間
助教は、令和三年一〇月一日より令和八年九月三〇日までの任期付き（ただしこの後、諸審査を経て准教授への昇任も可能）
准教授は、任期なし

さて、それでは実際の採用人事はどのように行われるのだろうか。以下、その一端をや

はり筆者の職場の例から紹介してみよう。

最初に行われるのは、まずどの分野のどんな人を募集するのか（「人事方針」という）、を決めることである。これは公式には、各部局の教授会が決定して、これを大学本部が認めるという流れで行われる。本部が入ってくるのは、そもそもの常勤の教員の人件費は、本部が管理しているからである。

今日の国立大学では、度重なる人件費の削減で、どこの学部や大学院でも教員にたくさんの欠員が生じているから、限られた予算でどの分野のどんな人を採用するかを決定するのは難しい。誰しも自分の仕事を手助けしてくれる、近い研究分野の、同じ講座や学科、専攻の教員が欲しいからだ。だから教員は、この人事方針を巡ってときに激しく対立する。人事に関して教授会がもっとも紛糾するのは、最終的な採用の瞬間よりも、この瞬間だろう。どれくらい大変かというと、研究科長として議事を進行していて、混乱する議論を上手く収拾することができず、結果心労で倒れて翌月には心療内科でドクターストップがかかってしまうくらい大変である（残念ながら実話であり、筆者はこれで昨年は三週間、「病気休暇」をもらって寝込むことになった）。

それでも議論が何とか丸く（?）収まり、各学部や大学院の教授会が方針を決めると、この決定が今度は大学本部に上がり、その妥当性が本部の会議で議論される。そしてそこで認められて初めて、先に示したような公募が可能になる。

この教授会と本部、より正確には学部や大学院といった部局と大学本部の関係については、後でくわしく議論することにしよう。さて、こうして公募が開始されると、応募者は「募集要項」で要求される書類等を送る。通常の履歴書のみならず、研究業績一覧、さらには、研究業績そのものである書籍や論文の提出も求められるが、最近はその送付は電子ファイルでもよい場合が大半だろう。応募する分野にふさわしい、博士号の取得者であることが望ましいが、それに匹敵する実績を証明できるのであれば、博士号は必ずしも必要でない場合もある。最初に審査に当たるのは、教授会から選出されたこの人事を主として担当する数名程度の審査委員である。当然、この委員には募集されている分野に近い教員が付く。なぜなら、専門家でなければ候補者の学術的能力について審査することが不可能だからだ。

こうして公募が開始され、採用を希望する人々から書類や論文が大学の事務に送られてくる。応募する人の数は、大学やポストによりさまざまであり、多いときには一つのポストに対して一〇〇名以上に上ることもある。他方、大学側が欲張って条件を絞り込みすぎた結果として、候補者がゼロということもないではない。人件費が削減されるなか、大学側は一人の教員にさまざまな授業や仕事を担当して欲しいので、ときに考えられない組み合わせで募集をすることもあるからだ。たとえば筆者が関わった例だと、「ドイツ語とアジア事情が教えられる人」とか、「朝鮮史を教えられて、体育の実技も担当できる人」などという、どこからどう考えても関係がなさそうな専門分野を組み合わせた公募も存在した。もともとは別々の人がドイツ語とアジア事情、あるいは朝鮮史と体育実技を教えていたものを、人件費が削減されたので、無理やり一人に担当させようとして行われた公募なのだろう。ちなみに前者の「ドイツ語が喋れるアジア事情担当者」は適任者が見つからず、人事は仕切り直しになったようであるが、「体育の実技が教えられる朝鮮史担当者」には人材がいて、実際に採用されたというから世の中は広い。どんなに無茶な公募でもやってみる価値はある、というものである。

そして多くの場合、この「公募」に当たっては、有力な候補者に対して「声かけ」も行われる。学会等の場を利用して、今度うちの大学では「公募」が行われるから、ぜひ応募してくれと頼んでおくのである。一見アンフェアに見えるかもしれないが、こうでもしないと有力な候補者が集まらない場合もあるからだ。とはいえ、人事の選考は公正に行われなければならず、また、「公募」には思わぬ「大物」が——ときには海外からも——舞い込んでくることがあるので、声をかけた人物が必ず公募に通るというわけではない。公募はあくまで公募なのである。

†審査はこう行われる

さて、こうして数週間から数カ月程度の募集期間を経て、採用希望者が揃うと審査が開始される。大学教員は研究者でもあるので、通常、もっとも注目されるのは、研究業績であり、人事を担当する教員が目を皿のようにして提出された書籍や論文を読み、評価する。もっともベテランの研究者にもなれば論文数が一〇〇を超えることは稀ではないので、その全てを限られた時間の中で詳細に読むことは不可能である。だから、「代表作」と目される五編程度のものを採用希望者自らに指定させて、それらを中心的に読むのが作業の中心になる。研究業績が注目される理由の一つは、教育能力や行政事務能力とは違い、研究能力は比較的容易かつ客観的に候補者間の優劣をつけられるから、でもある。

とはいえ、研究業績だけで採用が決まるのか、といえば答えはもちろんNOである。なぜなら採用した教員には研究のみならず、教育や各種学内行政等のさまざまな仕事を担当してもらわなければならないからだ。だから、どんなに研究業績が優れていても、候補者が過去に行ってきた授業や演習が、採用側の求めるものと違っていたり、はなはだしくは現在所属する大学にて何かしらのハラスメントを起こしたりしていて、明らかに人的に難ありと評価されれば、どんなに研究業績があってもこの候補者は忌避されることになる。

筆者のように、メディアやSNSでさまざまな情報を発信していたり、さらに進んではわざわざ「国立大学教授のお仕事」という表題で自分の大学の内部事情について書こうとする「面倒くさい人」は、おそらく論外の存在である。

ともあれ、採用してからトラブルが続出しては困るので、ときには「敵情視察」よろしく、応募者が現在勤務する、あるいは過去に勤務した大学に対する情報収集がそれとなく行われたりもする。なお、この段階では応募者が現在の勤務先で不利になっては困るので、公募を行った大学は誰が人事の公募に応募しているのかは、外部に絶対に漏らしてはならないのが掟である。だから、この調査は慎重かつその目的が知られないように行われる。

そうして書類審査をパスすると、次には面接が行われる。面接のやり方もまたさまざまであり、人事担当者による面談が行われるだけの場合もあれば、あわせて教育能力を確認するために「模擬授業」等が要求されることもある。ずらりと並んだ審査委員の大学教員の前で、学生を想定した授業をしてみせるのは、応募者にはなかなかのプレッシャーである。当然のことながら面接や模擬授業には、採用側も一定以上の時間を割かなければならないので、採用希望者の中から、面接にまで進む人の数は限られる。通常一つのポストに対して数名程度、多くても五名くらいがその数になるだろうか。つまり、大半の候補者は書類審査の段階で脱落するのである。

面接が済むと審査委員はふたたび集まって議論して、推薦する候補者を絞り込み、教授会に上げる。筆者の勤務した大学では、通常この段階で候補者は一名に絞り込まれることとなっているが、これもまた大学や部局によって異なるだろう。筆者は経験したことがないが、小説『白い巨塔』よろしく、審査委員会が複数の候補者を上げ、教授会で「教授選」が行われることもある、という。教授会に先立って、構成メンバーには最終候補者の業績の閲覧の機会が設けられ、教授会の席でも同じものが回覧される。履歴書も会議資料に添付され、そこでさまざまな質問が人事担当者に対して行われる。論文の内容に対する議論も行われるので、自分が書いたわけでもない論文について、当事者に代わって答えないといけない審査委員の仕事はなかなか大変である。

そして、教授会で投票が行われる。候補者が一人に絞りこまれている場合には、賛成か反対かを問う「可否投票」を行う。大学において教員人事は重要事項の一つなので、単純な過半数ではなく、構成員の三分の二程度の支持が必要となることが多いだろう。投票は無記名で、誰が賛成し、反対したかはわからないようになっているのが普通かもしれない。ちなみにここで可否投票が否決されると、適切な候補者がいなかったという結論になり、人事は最初の段階に戻る。改めて人事計画を作り直して、条件を変え、ふたたび「公募」が行われることになる。同じ大学の同じ学部や大学院が何度も繰り返し同じような講座の人間を募集しているケースの大半はこのパターンである。ちなみに筆者は他大学においてこの「一人に絞り込まれた」候補者に何度かなったことがあるが、結局は採用されていないので、やはり日ごろの行いは大事である。

こうして教授会で通過した候補者が一人に絞り込まれれば、後はこの決定を大学全体の会議に送り、承認してもらうだけである。どのような分野のどのような人物をどういう手続きで採用するかは、すでに審査済みなので、ここで人事が覆るのはよほどの場合である（ちなみに筆者はこちらも経験がある）。しかし、それでもそれがまったくないわけではないのが人事であり、担当者は胃が痛い。

†引き抜きは減っている

他方、今では少なくなったが「非公募」で人事が行われることもある。とはいえ、現在の大学では「公募」がデフォルトであるので、「非公募」で人事を行う場合にはそれなりの理由が必要になる。通常考えられる理由は、募集している分野がきわめて特殊であり公募では候補者を得るのがきわめて困難であること、あるいは有力な候補者が高い地位や権威を持ち、落ちる可能性のある公募には応じてくれそうにないこと、あるいはそもそもその分野では依然として公募が一般的ではないこと、あたりであろう。

でも、きわめて貴重な人材であり、また、圧倒的な業績がある人物なら、その有力候補者は、公募で行われた人事でもすんなりと選考に通るはずだ。逆にプライドが過度に高く、わざわざ公募に応じたくない、という人物は人柄に難がある可能性も高いので、どうしてそんな人物を取らなければならないのかを説明するのは難しいだろう。面倒くさい人間を採用するのは、やはり面倒くさい。自分のことを棚のさらに上にあげて言うなら、筆者なら個人的に避けたいところである。

さて、ここで読者の方が不思議に思うのは、「非公募」の場合の候補者はどうやって決めるのか、ということだろう。昔は「学閥」人事、つまりは特定の大学出身の年輩教員が、自らの教え子や出身大学の後輩を連れてくる、という行為が堂々と行われていた。不肖筆者の「前世紀」の就職にもそういうところがなかったわけではない。とはいえ、再び自分のことを棚のさらに上にあげて言うなら、採用する側の大学もどこかの有力大学の関係者から、適当な候補者を一方的に押し付けられたのではたまらない。だから、こういう露骨な学閥人事は、現在では少なくなってきている。

では、その選別はどこで行うのか。そのもっとも一般的な場は学会であり、たとえば、学会のとあるセッションに、特定の大学の教員が複数詰めかけているときには、誰かがその大学の人事の対象者になっている可能性がある。学会でのパフォーマンスを見て、候補者の品定めを行うわけである。ちなみに「公募」で人事を行うときにも、さまざまな機会を利用して同様の品定めは行われるので、どこかの大学に応募している人は、その期間に学会が開かれ、応募している大学の教員が報告を聞きに来ているときには、心して準備する必要があるだろう。

他方、候補者が年輩の場合には、研究のみならず、教育・学内行政等の評価も定まっていることが多いので、その評価こそが「非公募」の人事の基準になる。プロ野球にたとえれば、実績あるベテラン選手をFA宣言させて引き抜く感じだろうか。「非公募」で人事を行って、当の本人に断られては担当者の責任問題になりかねないので、本人との間に入念な、そして水面下での交渉が事前に行われる。そして、人事に応じてくれる確証が得られて初めて、人事の手続きが開始される。

公募であろうと非公募であろうと、審査手続は基本的に同じなので、この場合は一人の候補者に対して、書類審査が行われ、さらに面接調査も行われる。当然、教授会での投票も行われるので、ここで否決される可能性もゼロではない。ちなみにこの場合は、人事担当者が自ら絞り込んで選んだ候補者なので、これが否決されると、担当者の面子は大学の中のみならず、外に対しても丸つぶれになる。そもそも人事は当事者にとっては、自らの人生を大きく変えるものだから、責任重大である。だから、臆病な筆者はできれば人事の担当者はしたくないと思っているし、大学でのポスト争いに熱中する人の気持ちは正直よくわからない。

†任期付きポストと任期のないポスト

さて、公募が一般的になった、大学での教員採用であるが、もう一つ今と昔では大きく異なるところがある。それは大学教員に、任期付きと、そうでないポストの違いが生まれたことである。

かつての大学では教員の採用は基本、なんらかの不祥事等を起こして解雇でもされないかぎり、定年まで任期を付けないものであり、この権利を大学の世界では「テニュア」と呼んでいる。論文数が足りないなど、何らかの事情で昇進ができず、ずっと助手のまま留まる「万年助手」等といわれたケースが生まれるのは、このテニュアがあり、解雇できないからである。

しかしながら、現在の大学ではたとえば大学院生や博士号取得者（ポスドク、などという）がいきなりこのテニュアを与えられるポストに就くことは少なくなっている。なぜなら、近年、多くの大学が募集するポスト、とりわけ助教や専任講師のポストには、「任期付き」のものが多くなっているからだ。前述の通り、国立大学の多くでは、これを「特任」あるいは「特命」と呼んでいる。任期は短いものでは一年、長いものでは三年程度。任期更新が可能かどうか、そして何回可能かはポストにより違っている。

とはいえこの「任期付き」のポストの更新には難しい問題が一つある。それは労働契約法に「無期転換ルール」なるものがあり、有期労働契約が通算五年を超えた場合には、被雇用者側の申し出により、無期労働契約に転換されることが定められていることである(この五年が一〇年になる特例もある)。なので、多くの大学では任期付き教員を雇うときには、この五年を超えないように、その任期を調整する。逆にいえば、任期付きのポストにいるかぎり、ほとんどの教員はどんなに業績を上げようと、五年以内にその雇用を打ち切られてしまうのが多くの大学の現状である。いわゆる「雇い止め」という慣行である。法令の趣旨からいえば、一種の脱法行為であり、批判も多い慣行なのだが、同時に予算削減に伴い、毎年安定的に供給される経費が減りつづける状況では、将来の人件費確保の見通しを持つことは難しい。だから、そうそう簡単に任期付き教員の「無期転換」を行うこともできないのが、部局長としては頭の痛いところである。ともあれ良し悪しを別にして、これが今の国立大学の現状であることは事実である。

あわせて「任期付き」のポストでは、通常昇進は想定されていないので、よほど例外的な事例を除けば、「特任助教」が途中から「特任講師」に昇進するといったことは考えにくい。一般的にはその場合には、いったん退職してから、再度公募に応じてもらう形になるだろう。だから、任期付き教員のポストに就いている人は、異なる大学の異なるポストを転々としながら、常勤の職を探していくことになる。

それでは、テニュアを取るにはどうしたらいいのだろうか。一つはもちろん、最初から「任期付き」ではない旨が明らかな公募等に応じて採用されること。もう一つは「テニュアトラック制」のポストに応じていったん採用された後、定められた審査を受けてテニュアを与えられること、である。後者は、形式は「任期付き」であるが、任期内に予め指定された研究業績等を挙げると、「テニュア審査」が行われ、これにパスすると定年までの雇用の権利を獲得する、というものである。条件は分野によりさまざまであるが、通常は、有名な国際学術雑誌に何本か論文が掲載される、等の成果が要求される。これらの要件は公募の際に示される「募集要項」に示されなければならない。たとえば、先に挙げた筆者の研究科の事例だと、「ただしこの後、諸審査を経て准教授への昇任も可能」と書かれているので「テニュアトラック制」の公募だということがわかる。

†教授になるには

さて、こうしてめでたくテニュアを獲得し、安定した環境が得られると、教員は研究や教育その他の実績に応じて昇進していくことになる。たとえば、一番下の職階になる助教から大学教員としてのキャリアを始めた場合、次は専任講師か准教授、そしてさらには教授へと進んでいく。ちなみに、大学や学部・大学院の中には専任講師という職階を置いていないところも多いので、助教から講師を経ずに准教授になることもあるが、同じ大学の同じ部局へ助教から教授にいきなり昇進する例は、少なくとも筆者は聞いたことがない（他の大学に移る場合に助教であった人が、教授として採用されることはある）。

昇進に際しては、やはり研究や教育実績等の評価が必要であり、そのつど採用時と同じような審査が行われる。つまり、履歴書や研究業績の提出が求められ、それらを基に教授会が選んだ人事担当者が審査を行い、報告書をまとめ、最終的にその報告に基づいて教授会で可否が決定される。採用人事の際と同様、どのような人物をどのような手順で昇進させるのかについては、大学本部の了承も必要であり、事前に会議にかけて許可を得る必要がある。

逆にいえば、これらの審査を通る基準を満たさないと、大学教員はいつまでも同じ職階に留まりつづけることになる。以前は年功序列が重視され、誰かが昇進できないとそれより若い人が困る、などという事態も存在したが、最近ではあまりそういうことは気にしないところも増えている。なお、大学教員の職階には教授より上は存在しないので、いったん教授に承認すればその大学を退職するまでずっと教授である。少なくとも筆者の知るかぎり、大学教員には、職階の上での昇進はあっても降格はない。

なお、ときに誤解されているが、たとえば学部長とか副学長は、職階ではなく役職なので、これらの役職に就いても教員としての職階は教授のままである。多くの国立大学の給与体系では、教授は准教授等とは給料を決める基準になる「俸給表」が異なるので、若干の給与の差は生じるのだが、教授はそれ自身が役職ではないので、役職手当は付かない。国立大学教員が教授になっても、その実質的な給与が同じような年齢の管理職クラスの国家公務員と比べてかなり低い理由の一つは、この役職手当の不在にある。また大学の世界では役職にはほぼ必ず任期があるので、ある役職の任期が終われば、新たなる役職につかないかぎり、ただの教授や准教授に戻るので、給与も元の金額に戻る。筆者の場合も同様であり、研究科長の任期が終わる二〇二五年四月には、役職手当のない「ヒラ教授」に戻るはずである（註——実際にはこの文章を書いた後、筆者は同じ部局の副研究科長兼、評議員に選ばれてしまったので、その後も若干の役職手当をもらうことになった）。それは学長の場合も同じであり、学長の任期を終えた後、まだ定年退職前であれば、「前学長」が「ヒラ教授」になる場合も出現する。

では、これらの職階に就くためには、どれくらいの実績が必要なのだろうか。実はこの点について、大学の世界では普遍的な基準は何も存在しない。すなわち、大学はもちろん、部局や時代により、大学教員の昇進基準は大きく異なっている。たとえばすでに紹介したように、筆者が在籍した一九九〇年代前半の愛媛大学法文学部では、嘘か本当か、教授への昇進基準はどんな論文でも六本もあれば大丈夫だ、と囁かれていた。しかし、現在ではそのレベルでの教授への昇進はきわめて困難であり、有名な国際雑誌に掲載された論文がなければ、教授はおろか助教から講師への昇進も不可能だ、というところも多くなっている。

ちなみにこのような大学や部局、さらには学問分野による評価基準の違いはある程度は、やむを得ないものである。なぜなら、たとえば日本で日本国内の法律を研究している人にとって、論文とは国内法曹関係者に読んでもらうためのものであり、それゆえ、彼らには英語で論文を書くインセンティブはあまり存在しないだろう。対して多くの自然科学系の分野では、論文は国際学界に向けて書くものだから、日本語で論文を書いてもほとんど意味はない。さらにいえば芸術や体育等の分野では、実技や作品のほうが、論文よりも重要かもしれない。学問の性格が違うのに、誰にでも同じ形式で研究成果を出せ、というのはナンセンスなのだ。

教員の採用や昇進の基準は、対象となる人事の性格によって変わることもある。そのもっとも典型的なケースは実務家教員の場合であろう。通常、企業や公務員から大学教員になる人々は、多くの論文執筆の経験もなければ博士号も有していない。にもかかわらず、たとえば、大学の教育カリキュラム上、あるいは大学行政の進行上、彼らの助けが必要であり、そのために大学教員枠で採用しなければならない場合には、同等の研究業績を求めることは不可能である。だから、その場合には基準のほうを変えることになる。

こうして見ると、大学教員の採用や昇進の基準は、実はきわめてあいまいであることがわかる。だから最終的には、「大学教授」とは、おのおのの大学や部局が業務遂行上の必要に合わせて、「教授」という職階を与えた人、であるにすぎない。だから、その能力もさまざまであり、「教授」になるのに必要な普遍的な能力、などというものは存在しないと思ったほうがよい。

†仕事はどんどん増えていく

次に、ではこうして昇進を果たしていくと、大学教員の仕事はどう変わっていくのだろうか。この点についても大学はもちろん、部局によっても結構な違いがあるので一般化することは難しい。ただ明らかなのは、職階が上がれば上がるほど、やらなければならない仕事が増える、ということだ。たとえば、次のような感じである。

ある大学の部局では、助教は講義を実施するものの、学生たちの指導教員にはなれない。講師に昇進すると、学部生の指導教員にはなれるので、ゼミ、と呼ばれる演習も担当しないといけない、と決められている。准教授に上がると、大学院の授業が担当できるようになり、指導教員にもなれるので、教育上の仕事が増える。後に述べるように、このどこかで教授会のメンバーにも昇格するので会議に出なければならないし、行政上の仕事も当然のように回ってくる。

そしてさらにそこから教授になると、部局に設置されるさまざまな委員会の長に就任し、その部局を代表して大学本部の会議に出席することも求められる。学科長や専攻長が置かれているところでは、その長を務めることもあるし、大学本部の仕事も回ってくるかもしれない。

厄介なのは、大学ではどんなに職階が上がっても、「教員」であることは変わらないので、昇進によって授業負担が大きく減る、ということはあまりないことだ。たとえば、昭和の時代にはあったかもしれない、「忙しい教授の代わりに助教授が授業をする」などというのは、今の多くの大学では稀であり、あらかじめ授業の内容を定めた「シラバス」に明記し、正規の手続きを取って実施しなければ、自分のやるべき仕事を他人に押し付けた、としてハラスメントになる可能性すら大きい。

昇進してもやらなければならない仕事が変わらないのは、研究も同じであり、間違っても教授の論文を同じ講座の准教授や助教が匿名で代わって書いてくれる、ということはないと思ったほうがよい。自分が関与していない研究を自分の名前で発表すれば研究不正になるからだ。明らかになれば、その教員は懲戒され、失職の危機に直面するだろう。

だから、大学教員は職階が上がれば上がるほど、やらなければならない仕事が増える。ゆえにときには、それを嫌がってあえて准教授等の地位に留まることを望む人さえ出てくることになる。

†教員人事はいつもギリギリ

かつての国立大学は、独立行政法人ではなく、文部省の一組織であり、ゆえに個々の教職員は文字通り「国家公務員」であった。筆者の働く研究科には専任教員から構成される講座が八つあり、それぞれに教授二名と助教授（現在は准教授）一名が本来配置されていた。あわせて、助手のポストがこれ以外に二つあり、一つは研究者の育成用に、もう一つはネットワークの管理等情報処理業務の担当者に充てられていた。つまり、当初は教授一六名と助教授八名、そして助手二名を雇う人件費が与えられていたことになる。全員「国家公務員」なので、給与の支払いは「本省」、つまり、文部省であった。この状況は二〇〇四年の国立大学の行政法人化まで続いた。そして今では、給料は独立採算性の「国立大学法人」、つまりおのおのの大学によって支払われ、我々の身分も「国立大学法人の職員」になっている。

そして行政法人化以降、国立大学に与えられる運営交付金は二〇一四年までの一〇年間は、「効率化係数」という名で年一％ずつ削減され、さらにそれ以降は附属病院がない国立大学はそれまで同様一％、附属病院がある大学は一・三％、さらにはその附属病院が自ら交付金を受けている場合には一・六％と、削減率が拡大されて現在に至っている。国立大学の基盤となる安定した収入源である運営交付金の削減は、結果として、常勤の教職員の雇用を減少させた。現在の大学の経営状況については第六章でくわしく説明するので、ここではとにかくお金が減りつづけているということだけ理解してほしい。

現在、多くの国立大学では人件費削減のために教員人件費を数字に換算する「ポイント制」なるものが実施されており、各部局は本部から与えられた「ポイント」の枠内で教員人事を行っている。だが筆者が勤務している部局に現在与えられている人事ポイントの枠内では、もともといたのと同じ数の教授一六名を雇えば、残りは准教授六名しか雇えない。つまり、かつてと比べれば准教授が二名と助教が二名不足することになる。

こう書くと、人件費がないのであれば教員一人当たりの給料を引き下げればいいじゃないか、という議論が出そうであるが、すでに述べたように、多くの国立大学では常勤の教職員の人件費は大学本部が配分することになっているので、その給与額を各部局が勝手に決めることはできない。結果、起こるのは部局に所属する教員数が、本来の規定を大きく下回る事態である。ちなみに、各学部や大学院、さらには専攻を維持するのに必要な教員数は、それらの学部や大学院、専攻が設置される際に開かれた「大学設置・学校法人審議会（通称設置審）」によって「教員一二名以上、うち教授九名以上」等の形で厳格に定められているので、大学側が勝手に変えることはできない仕組みである。ある部局の教員数が、この数を下回ると、一種の法令違反になり、当該部局のみならず、大学全体に対して、各種新規資金への応募ができなくなるといった、大きなペナルティーが下されることもあるという。そうなれば、大学にとっては緊急事態である。

この設置審上必要な教員数は、明治時代から存在するような古い大学の古い部局では大きな余裕を持たされているものの、他方、筆者の勤務先のように一九九〇年代以降、国立大学の行政法人化の直前に設置された部局では、余裕はもともと少なくなっている。つまり、その設置が時代を下るほど、大学や部局は崖っぷちなのである。現在の大学では、教員の自発的な異動も増えているから、誰かが突如として、他大学に転出した結果、部局の教員数が設置審基準を下回り、突然、機能マヒする事態も考えられる状態である。その際には部局は大学本部に泣きつき、当座の予算を斡旋してもらって、任期付きで人を雇い急場を凌ぐことになる。加えて多くの国立大学では、ある教員が辞めた後、しばらくの間は一部のポイントが使用できなくなる（それにより大学全体の人件費をさらに削減するためである）一風変わったルールも設けられているので、やりくりはさらに難しいものになる。筆者自身も、部局の所属教員が突如として他大学に引き抜かれたものの、新たに教員を雇う人件費のポイントが足りず、結果、部局の教員数が「設置審」により定められた数を切ってしまう、という悪夢に何度魘《うな》されたかわからない。それくらい、今の国立大学は「ぎりぎりの経営」を強いられている、のである。

コラム

大学教員とお金

「京都大学の給料では京都市内に住めない！」。悲鳴のような声がSNSに書かれていて驚いた。京都大学とはいうまでもなく、東京大学と並ぶ、日本の最名門大学の一つであり、多くのノーベル賞受賞者をも輩出している大学でもある。その京都大学の教員が、京都市内に住めない、などということがあるだろうか。

それでは、今日大学の給料はどのくらいなのだろうか。実は、国立大学教員の給与の在り方についていては、俸給表が一般に公開されているので、簡単に調べることができる。たとえばこの点についての京都大学の情報公開用のウェブサイトを見ると、一般職俸給表（一）から指定職俸給表まで七つの俸給表が並んでいる。大学教員に適用されるのは、このうちの「教育職俸給表」の金額になる。そこには月額の俸給が掲載されており、二〇二四年時点では最低額が一級一号俸の一九万九〇〇円、逆に最高額が五級二三号俸の五七万三二〇〇円になっていた。仮に二〇二四年の公務員に対する年間ボーナス支給分が、この大学でも与えられるとすれば、最低年収は三一六万八九四〇円、逆に最高年収は九五一万五一二〇円、だということになる。この上に通勤手当や家賃手当、扶養手当、都市手当等もろもろがついてくるので、大学から供与される全体額は役職等がなければ、もっとも低い人で年間三五〇万円程度、多い人で一〇〇〇万円を少し超える程度という計算になる。

京都市内でも、一家族が住めるだけの住環境を用意しようとすれば、一〇万円以上の家賃が必要になるだろうから、収入が三五〇万円程度であれば、残る金額で家族を養うことはなかなか大変だ。他方、一〇〇〇万円前後の収入を得ている人にとっては、その家賃負担は大きなものではないだろう。ちなみに学長や理事は、会社でいえば会長や取締役に当たる役職であるので、この俸給表の枠外で報酬が決まっている。京都大学の例であれば、現在は総長が一二〇万三〇〇〇円、理事が七〇万八〇〇〇円から八九万八〇〇〇円の範囲内で総長が定める額、監事が七〇万八〇〇〇円の俸給月額になっている。

これらを一見してわかるように、大学教員の給与は、同じ大学であっても職階や勤続年数によってさまざまであり、どの部分を切り取るかにより、給与が高いか否かは大きく変わってくる。とりわけ重要なのは勤続年数であり、同じ大学に長く勤務していれば、給与は次第に上がるので、特定の大学に早い段階で就職した准教授が、新たにやってきた教授よりも高い給料をもらっている、などという事態も生じる。最近では「年俸制」に移行する大学も多く、筆者の大学でも一部の教員に採用されている。ちなみに一口に年俸制といっても、そのやり方は毎年の業績により大きく報酬が変化するものから、俸給表による給与相当額を、年俸として形式的に受けとるものに至るまでさまざまである。

また、日本人の平均年収は二〇二二年段階で男性が五六三万円、女性が三一四万円、年収の中央値は三九六万円だから、大学教員の給与がことさらに安いとはいえないだろう。ちなみに二〇〇四年の国立大学法人化以前は、等しく文部科学省に所属する国家公務員であったこともあり、国立大学教員の給与は今でも大学が変わっても大きくは変わらない。だから、そろそろ年齢が六〇代に差しかかろうとする筆者も、京都大学における「高いほうの事例」に近い給料をもらっているので、この点については贅沢は言えない。

だが大学にはこのような「教育俸給表」に沿って給料が支払われる人々のみがいるわけではない。たとえば、非常勤講師は半期二単位、一五回の授業を担当しても、せいぜい得られる報酬は二十数万円程度にしかすぎない。外部資金で雇用される教員たちの給与は、大学の規定ではなく、外部資金側のルールにより決まってくるので、通常、俸給表に沿って給料が与えられる人々よりも低い金額になる例も出る。給与を「時間給」で与えられている例もあり、この場合には年間の所得は三〇〇万円台を切ることもある。何よりもある程度給与が与えられても、「テニュア」が確保できなければ、任期が切れればたちまち無職になる。こうしてみると、大学教員のお金を巡る問題のかなりの部分は、テニュアを得るまでの若い人たちと、安定した立場にいる人たちとの間の格差にあるといえそうだ。

◎大学の近くに住むべからず◎

あの……ひとつ聞いてもいいですか？
え……何かな？
ドギマギ
こないだの××学の試験のー
……

近所のお店を楽しめない

第二章　組織としての大学のガバナンス

†本部と部局

さて、こうして書いていくと、大学教員の仕事がどんなものかを理解するためには、そもそも大学がどんな組織になっているかに関わる知識が必要であることがわかる。そこで次に、そもそも大学がどんな組織なのかを、見てみることにしよう。とはいえ、その実態もまた、大学によりさまざまなので、ここでも話はあくまで筆者がこれまで勤務してきた国立大学に関わるものになる。

組織としての大学を理解する上で重要なのは、まず、それが大きく二つの部分からできているということである。皆さんが、「大学」の組織として思い浮かべるのは、通常、たとえば理学部とか法学部などといった「学部」や、医学研究科や経済学研究科という名前を持つ「大学院」のそれであろう。大学では、これらの組織を「部局」と呼ぶ。それぞれの部局には、事務組織と教員組織があり、多くの「部局」では、所属する学生に対して、学士、修士、そして博士等の各レベルの教育を行っている。「部局」には学生を持たないものもある。たとえば、医学部の附属病院や学部から独立した研究所、さらには留学生への日本語教育を担当する部門なども、多くは「部局」として扱われている。

とはいえこれだけでは、「大学」は一つの組織の体をなさない。だから当然、これらの「部局」を取りまとめる組織が必要である。通常これが「本部」と呼ばれる（図2-1）。より正確には「本部」と呼ばれる組織にも、大きく二つの種類がある。一つは文字通り、大学全体を取りまとめる組織であり、ここで大学全体の戦略や、各部局への予算や人件費の配分が決められる。中心はもちろん学長である。なお、この学長について、東京大学や京都大学のような一部の大学では総長という名称を使っているが、その権限に違いがあるわけではないことに注意したい。なお、国立大学では、国立大学法人の長が代表であるのに対し、私立大学や公立大学では学長とは別に、大学を経営する学校法人の理事会の長である、理事長が置かれることが多い。

他方、本部の下には、独立性の小さい、つまり「部局」に満たない大きさの組織もたくさん連なっている。大学には各部局が共同で利用する施設や、大学全体の業務を助ける組

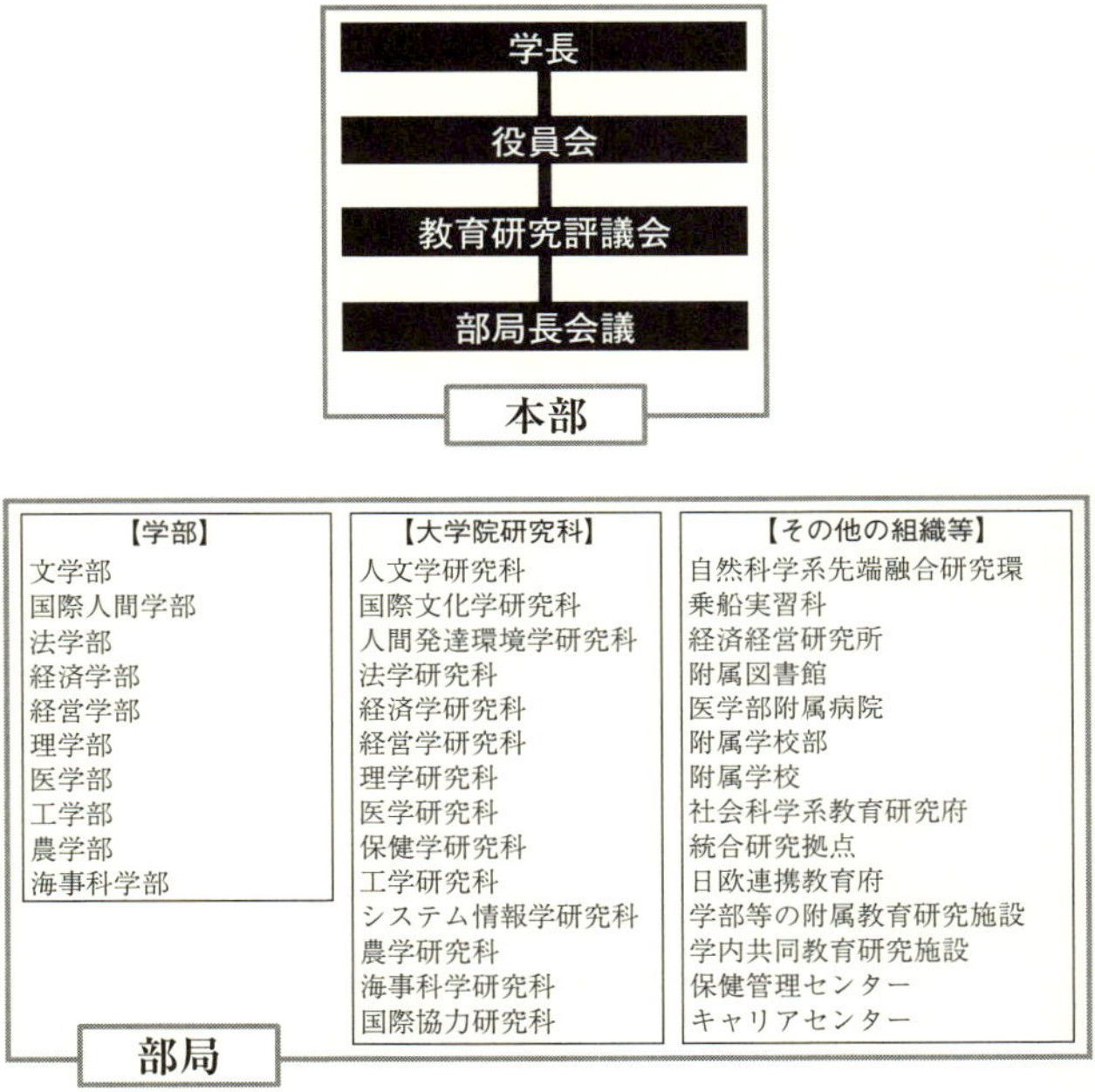

図2-1　本部と部局
神戸大学ホームページ「環境保全のための組織体制」より作成。
注　ただし、「その他の組織等」には名目上は本部に所属しているものもある。

織が存在するからだ。こちらも便宜上「本部」組織の一部として扱われることが多いが、機能的には「部局」に近い存在である。

†教員組織のトップは評議会

それでは、これらの組織の実態を大学教員はどの程度理解しているのだろうか。この点を考える上で重要なのは、ときに大学はきわめて大きな組織だということである。筆者が勤務する大学は、「大規模二三大学」に分類される、国立大学でも特に規模の大きな大学であり、二〇二三年現在で専任の教員が一五四七名、事務方を中心とするその他の職員が二四八七名いる。ちなみに学生数は学部生と大学院生をあわせて一万五八六九人、という大所帯であるから、ちょっとした地方の「町」程度の「人口」がある。

この中で本部業務の遂行に関わる人間は一部であり、大学全体のマネジメントを知ることのできるポジションにつける人は、さらにその一部である。それは大企業に就職しても、ほとんどの人は本社の取締役会等に参加することはもちろん、そこにおいてどんな人々がどんな話をしているのかの詳細を知る由もない、というのと同じである。

そのことは、今の大学に勤めてすでに二九年目に入ろうとする筆者も例外ではない。だからこそ、筆者が本部についてわかるのは、あくまで表面的なものにしかすぎない。以下

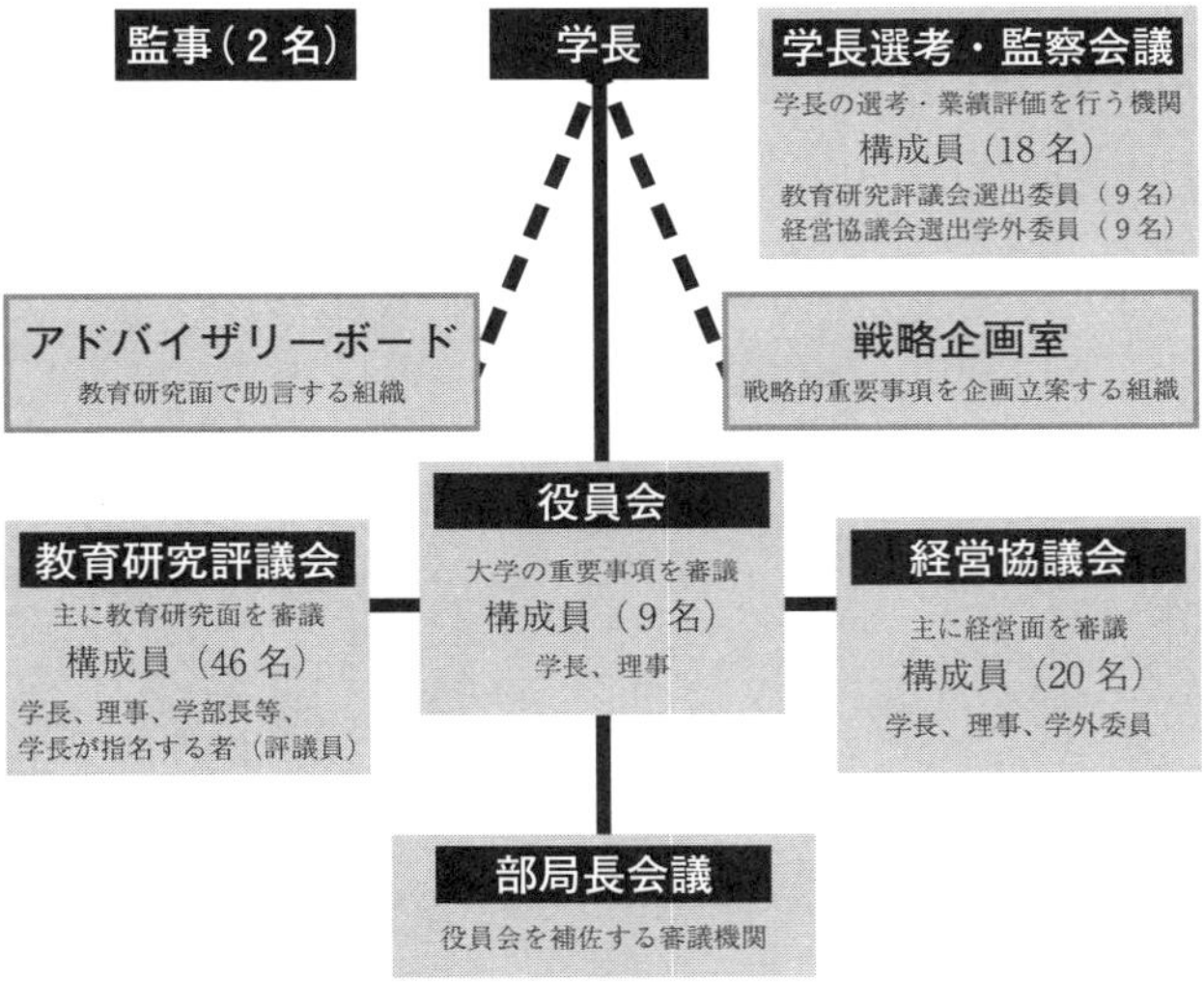

図2-2　神戸大学の運営組織図（本部中核部）
神戸大学ホームページ「大学運営組織」より。

その乏しい知識に基づいて、大学全体の運営に当たる本部の構成についてまとめてみよう（図2-2）。

さて、大学組織の頂点に立つのは、言うまでもなく学長である。現在の多くの国立大学では、学長は大学教員等による選挙で選ばれるのではなく、学内者と学外者の同数から構成される学長選考・監察会議にて選出される（ちなみにこの文章を書いている時点で、筆者もその学内委員の一人である）。学長選考・監察会議における学長選出に先立っては、大学全体で「意向投票」と呼ばれる選挙が行われることもあり、この場合には、学長選考・監察会議は選挙結果を「参考にして」学長を決定する。ちなみに「意向投票」の有権者は、筆者の勤務先の場合は、（1）学長及び理事、（2）教授、准教授、講師及び助教、（3）その他の職員のうち係長相当職以上の者、と定められている。教授の職階を有する者のみでないことはもちろん、事務方の管理職にも投票権が与えられていることに注意が必要である。とはいえ「意向投票」の結果は絶対ではなく、投票で勝利したのとは異なる人物が学長に選ばれるときもある。なお、形式的には国立大学の学長の最終的な任命権限者は文部科学大臣になる。

学長が決まるとその下に、学内・学外の理事から構成される役員会が形成される。理事の数は大学の規模により二名から七名と定められている。多くの場合、学内の理事は副学長を兼ねている。逆に副学長の中には理事を兼務していない者もあり、これらの副学長がおのおの学内の業務を分担して担当している。なお、筆者の勤務する大学では、理事や副学長になるには、各部局の部局長を経験しなければならない、という不文律があるといわれている。部局長になって、大学全体に関わるさまざまな会議に参加した経験がなければ、理事や副学長として大学全体の運営に当たることはできない、ということなのかもしれない。

あわせて国立大学には、学外理事を過半数とする経営協議会と、学内委員から構成される教育研究評議会が設けられており、前者は大学の経営面、後者は教育・研究面の運営を議論する組織になっている。筆者の勤務先の場合、部局の長とそれに次ぐ副部局長等がこの教育研究評議会のメンバーになっていることが多い。この他に各部局の長によって構成される部局長会議があるが、こちらは役員会を「補佐」するものとして位置づけられており、何かしらの決定権を有しているわけではない。つまり、教員組織として「権限がある」のは「部局長会議」よりも「評議会」のほうなのだ。

すでに述べたように、大学本部には学長やこれらの委員会の職務を助ける事務組織も置かれており、あわせて大学全体の運営を担当している。大学教員の仕事の観点からいえば、これらの大学本部の仕事の一部も、事務方と共に教員が担っていることが重要かもしれない。その担い方には大きく二つの形がある。一つは部局長等のような部局の代表として、組織の運営に携わる場合である。この場合には、職務の在り方は主として、会議や委員会への出席であり、そこで部局としての立場の表明等が求められる。

他方、本部での職務については、理事や副学長、さらには各種組織の担当者からの「一本釣り」での依頼を受けることもある。たとえば、筆者の場合、大学本部の一組織であった「国際連携推進本部」の下に置かれていた、「アジア総合学術センター」のセンター長を二期四年にわたって務めたことがある。大学本部レベルでの海外の大学・研究機関との交流を司る「推進本部」における、「アジア太平洋地域」を担当するセンターのトップ、というくらいの職務である。

ともあれ、大学教員はこうした大学の構造の中、教育や研究といった、多くの人が「大学教員らしい仕事」として想像するであろうこと以外の、多くの業務を分担している。なぜなら、大学教員は、事務職員と並んで大学という組織を支える存在であり、その「職員」だからである。

†教員組織と事務組織

しかし、多くの大学教員にとって本部は遠い存在であり、その職に携わる機会は多くない。言い換えるなら、ほとんどの大学教員にとっての「職場」としての大学は、すなわち、「部局」なのである。法学部の教員にとっての職場は法学部であり、農学部の教員の職場は農学部であり、本部の会議や、大学レベルの集まりがなければ、互いに顔を合わせる機会すら多くない。だから、ほとんどの大学教員にとって、同じ大学の他部局の教員は、学会等で顔を合わせる同じ分野を研究する他大学の教員より、はるかに遠い存在なのだ。

さて、そのほとんどの大学教員にとっての居場所である部局のマネジメントはどのようになっているのだろうか。この点において、まず重要なのが、部局にも教員組織と事務組織の二つがある、ということだ。そして、両者の関係は教員組織が教育を担当し、事務組織が事務を担当する、というだけの関係ではない。なぜなら、本部同様、部局にもその運営上、決定しなければならない事項がたくさんあり、その決定を行うのは、教員組織の側だからである。国の組織にたとえれば、事務職員は行政官僚の役割を、教員は（研究や教育業務に加えて）部局運営における政治家のそれに当たる役割を果たしていることになる。「大学の自治」などといわれるのも、このように教員組織が部局、さらには本部において、組織のルールを決定し、意思決定を行う機能を有しているからである。

だから国会がどんなに立派な法律を作ろうとも、その執行に当たる官僚組織の協力が得られなければ、円滑な執行ができないように、「大学教授」の仕事も事務職員の皆さんの協力なしには成り立たない。筆者が研究科長として、できるだけマメに事務室に脚を運ぶことにしているのも、また韓国以外の外国——あまりに頻繁に韓国に行く筆者にはこの国が外国であるという実感がもはやなくなっているからだが——に出張したときにはできるだけ何かしらのお土産を持って帰ってこようと思っているのも、全ては事務職員の皆さんとの円滑な関係を築くためである。ここで強調すべきは、教員と事務員の関係は、「上下関係」にないことだ。大学教員にとって、事務員は共に大学やその部局を運営するパートナーである。そして、その在り方は組織の構造にも表れている。部局長は教員組織の長であっても、事務員に対する長ではない。事務員、とりわけ常勤の職員の管理をしているのは、本部組織だからである。

†教授会は各部局の意思決定機関

そして、このような「大学の自治」、より正確には「部局の自治」において、もっとも大きな役割を果たしているのが「教授会」である。「大学には教授会があって、権力を握っている」。ときに批判的なイメージと共に言及されることの多い組織である。

ではその実態はどうだろうか。最初に言及すべきは、大学には教員により構成される会議や組織が大小無数に存在するが、その全てを「教授会」と呼んでいるのではないことである。通常「教授会」という名で呼ばれるのは、数ある会議の中でも、特定の会議、とりわけ学部や大学院といった部局の全体会議である。だから、教授によって構成されていても、たとえば大学本部に属するより上位にある会議を「教授会」と呼ぶことはない。

さて、それではこの教授会とはどのような会議なのか。会議だから当然、構成員が決まっている。注意しなければならないのは、これを構成するのは必ずしも「教授」の職階を有する者だけではないことだ。これまた大学や部局によりさまざまなのであるが、たとえば、筆者が勤務してきた部局では、「教授会」の正式な公式メンバーは、教授と准教授、そして講師以上の教員であり、同じ教員でも助教や助手はここから外れていた。ちなみにこの教授会の構成員を誰にするかもまた、教授会で決めることができる。たとえば筆者は研究科長として、情報共有のためにそれまで教授会に呼ばれていなかった助教に、教授会でのオブザーバーとしての参加を認める提案を行い、認められたことがある。

また、教授会の正式な構成メンバーではないものの、これに陪席して参加する人々として事務職員の存在がある。日本の国会における議論が官僚の助けなしには成り立たないように、筆者のような事務能力の低い研究科長には、彼らの助けなしには上手く議事を回すことが難しいからだ。

では、「教授会」では何が議論されるのか。重要なのは、「教授会」が各部局の運営組織、つまり学部や大学院のルールや意思を決定する機関だ、ということである。国の機関にたとえれば、部局の国会にあたる、と考えればわかりやすいかもしれない。なので、各学部や大学院が決定権限を有する事項、たとえば入学試験の合否や学生の卒業、さらにはカリキュラムや時間割等を決定するのは教授会である。

だがそのことは、教授会が何かしら万能の権限を学部や大学院で持っていることを意味しない。なぜなら、教授会は大学組織の一部にしかすぎず、その権限も大学全体のルールにより決まっているからだ。たとえば、筆者の勤務先では、教授会は部局の予算を決定し、決算を承認する機能を持っているが、議論できるのは、大学本部から配分された予算と、部局が自ら獲得した独自の外部資金の配分のみである。たとえば、常勤の教員や職員の給与の決定は本部の権限に属している（部局の予算には、常勤の教職員の給与は含まれていない）から、教授会で個々の教員や職員の給与を自由に上げ下げできるわけではない。もちろん、大学全体の運営に対しても直接教授会が何かできるわけではない。

人事も同様であり、教授会が決められるのは、大学本部により承認された人事だけであり、自らの判断だけで自由に人事を進めることはできない。各部局に与えられた人件費には限りがあり、任用が可能なのはそれに若干の外部資金を加えた範囲にすぎない。

また、制度的に教授会が直接扱えない案件もある。たとえば、多くの大学においてはハラスメントに関わる職掌は教授会ではなく、大学本部に属する委員会等が扱うことになっている。ハラスメントに関わる問題は、当事者のプライバシーに密接に関わるものであり、部局に属する教員の大半が参加する教授会にはふさわしいものではないからだ。現状の国立大学の教授会は、理事や副学長といった、大学本部の構成員を決める場合にも、何の権限も有していない。教授会の権限は、あくまで大学全体から部局に与えられた範囲にすぎない。

なお、情報公開の進むなか、今日多くの大学の教授会の議事録はウェブサイト等で公開されている（たとえば、筆者の勤務先の場合はこちら。http://www.ackj.org/?p=3606）。どんな内容が議論されているかを見ることができるので、ご関心がおありの方は一度探してみても面白いかもしれない。

†学域に所属、部局に配置

加えて、筆者の勤務先では、学部や研究科といった「部局」とは別に「学域」なるものも置かれている。そこでは「学域」が本来の教員の所属先であり、そこから各「部局」に教員が出向いて仕事を行うというセットアップになっている。筆者自身の例を示せば、大学内にある「国際協力学域」という学域に教員として「所属」し、「国際協力研究科」という部局に「配置」され、研究、教育等の業務を遂行している、という建付けである。派遣会社の職員が、他の会社に派遣されて業務を遂行する形に少し似ているかもしれない。

このように教員の所属先である「学域」と、教育組織である「部局」を分けるのは、これにより特定の教員をある部局から他の部局に異動させる際に、複雑な採用手続きを経る必要がなくなる、というメリットがあるからだ、といわれている。それにより教育組織である部局の運営や、人員の配置が臨機応変にできる、という話である。

他大学にはあまり存在しないローカルルールのようであるが、このように一言で「大学」といってもその実態は多様なのである。

†執行部会議と各種委員会

とはいえ、あらゆる問題を部局に所属する教授や准教授等全員が参加する会議、つまりは教授会や学域会議で最初から議論するのは余りにも煩雑だし、時間的にも事務的にも無駄が多い。そもそも教授会を開催するためには誰かが議題を決めないといけないし、何かの賛否を問うには原案もいる。さらに会議のための資料の用意も必要だ。だから各部局にはそのために、これらの機能を遂行する執行部会議が置かれている。筆者が勤めている部局では、この会議は「運営委員会」という名で呼ばれている。

では、教授会のさらに「奥の院」に当たる執行部会議とはどんなものなのだろうか。まずこの会議のまとめ役になるのは、部局の長である部局長とこれを補佐する副部局長であり、両者は当然このメンバーである。大学院であれば研究科長や副研究科長、学部であれば学部長や副学部長がこれにあたる。もっとも、近年の大学では、元来一つの組織であったところに複数の部局が設置されていることもあり、その組織はときに複雑である。たとえば、法学部の上に大学院である法学研究科があり、さらには専門家を養成する専門職大学院である法科大学院が置かれている、といったケースである。この場合、一人の人間が学部長や研究科長といった複数の「部局長」を兼ねることもあれば、おのおのの部局が異なる「長」を擁している場合もある。これらの場合には執行部会議は、微妙に参加するメンバーを変えながら行われる、ことになるのだろう。

さらに部局の下に、専攻や学科が置かれている場合には、この長である専攻長や学科長も執行部会議のメンバーになることが多い。通常、教員人事の議論は部局全体ではなく、より小さい組織である専攻や学科の内部で積み上げて行くので、それぞれの組織を代表する彼らの存在なくしては、組織の構成を議論することが難しいからだ。

他方、部局には教育組織としての専攻や学科とは別に、多くの日常業務を司る委員会が置かれている。まず大学が教育機関である以上、定期試験、時間割作成といった、カリキュラム関係の仕事がある。これを管轄するのが、通常「教務委員会」と呼ばれる組織である。続いて教育面以外の学生にかかわる事項、たとえば就職の世話をしたり、学生間のトラブルやハラスメント解決のための窓口を務めたりする委員会もある。筆者の勤務先ではこれを「学生委員会」と呼んでいる。もう一つ組織として重要なのが、「入試実施委員会」である。今の大学では、従来からの一般入試に加えて推薦入試を行っており、また大学院においても入試を行っているので、年がら年中、入学試験を行っているような状況になっている。これを管轄するのが、この委員会である。

これ以外にも各部局には、「広報委員会」や「情報処理委員会」等、実にさまざまな委員会が置かれている。筆者が勤務している部局では、これらの委員会の委員を務めるのは准教授以上、そして委員会の長は教授以上、という漠然としたルールが存在するが、必ずしも厳格なものではない。なので筆者自身も、未だ三〇代だった頃、「助教授」の職階にもかかわらず、教務委員長を押し付けられたりしていたことがある。

また、委員会を設置するまでの必要はないものの、担当者を決めて対応しないといけない場合には、特定の教員を委員に指名する場合もある。図書館との交渉に当たる図書委員、海外の大学や研究機関との交渉を担当する国際交流委員、教員の能力向上のための研修等を行うFD委員（Faculty Development の略）等がそれである。あまりに委員会や委員が多いので、一人の教員が複数の役割を果たすことも多い。

執行部会議では、これら専攻や学科の代表や、各種委員会の委員長や委員が、必要に応じて議題を上げ、これを審議する。教授会に提案するための原案を作るためである。もちろん、部局長が自ら議題を提案することもある。大学本部から降りてきた問題を議論する場合や、部局の将来構想を議論する場合、さらには部局の予算案や決算案を議論する場合等である。もちろん、教員側がこれらの職務全てを直接遂行することは能力上できないので、事務方の助けを借りることとなる。この場合、部局長のパートナーとなるのが、部局の事務組織を統括する事務長——その職階が「課長」なら事務課長——である。通常、部局の事務組織には複数の係が置かれている。人事や給与等を担当する総務係、学生・教育事項を担当する教務係、そして予算や決算を担当する会計係等がそれである。

もちろん、これらの部局の組織の在り方は、大学や部局によりさまざまである。いずれにせよ、重要なのはこうしたさまざまな教員組織や事務組織から上がってきたさまざまな問題を、とりまとめ、原案を作成するのが、執行部会議である、ということである。開催は通常、教授会の一週間ほど前になる。執行部会議にて、教授会に提出する資料や原案に修正の必要があれば、この間に修正して教授会に上げる必要があり、その時間が求められるからである。

†部局長（研究科長・学部長）はどう選ばれる

このような部局内部のさまざまな実務の取りまとめを行い、教授会や学域会議、さらには執行部会議で議長を務めるのが、研究科長や学部長といった肩書を持つ部局長である。今日、多くの国立大学においては、部局長は「教授会」あるいは「学域会議」で推薦され、学長によって任命されるシステムになっている。大学によっては、教授会等から複数の人間を選出させ、その中から学長が部局長を選ぶところもあるという。

かつては、部局長の選出権は教授会にあった。ところが、今日の国立大学では、「独立行政法人化」の結果、「教授会の自治」が大幅に削減され、学長に多くの権限が集中する制度になっている。学長に権力を集中させ、トップダウンで動かしたほうが、組織の効率が上がるに違いない、という考え方が背景にある。

なので筆者が勤務する大学でも、教授会での推薦者選出後、任命に先立って、学長や理事による面接が行われたりもしている。筆者の場合には、望んで部局長になったわけではないので、ここで落ちればよいのに、と思ったのだが残念ながらそうはならなかった。いずれにせよ今の国立大学における、学長への権限集中が典型的に表れている部分である。

とはいえ、少なくとも筆者の勤務先では、教授会は依然として、部局長を推薦する権利を持っており、その過程では選挙が行われる。筆者が勤務している部局においては、部局長選挙の被選挙権を持っているのは教授の職階を持つものに限られる一方、選挙権は講師以上の教員に与えられている。

では、その選挙はどのように行われるのだろうか。たとえば、読者の中には、研究科長や学部長は権力者であり、その職を務めるのは名誉なことだから、そのポストを巡って激しい競争が行われるに違いない、と思われる方もいるかもしれない。実際問題として、そういう大学や部局がないわけではなく、国立大学のそれなりの部局長のポストに就くことが、将来の叙勲、つまり勲章授与の近道だから、と野心を抱く人もいるという。部局長は管理職なので、その役職手当が目当てだという人もいるかもしれない。

しかし、それらは限られた事例であり、今日、多くの大学の多くの部局で、部局長は引き受け手のない仕事になっている。理由は、とても忙しいからである。すでに述べたように部局長は、教授会や執行部会議の準備をしなければならないし、人事や予算の決定や管理もしなければならない。ハラスメントが発生すればその解決に従事することもある。

加えて、部局長には、大学本部での仕事もある。部局を代表する部局長は、「部局長会議」や「評議委員会」等の大学運営のための委員に指名されており、多数の会議に定期的に出席しなければならない。大学本部や文部科学省に提出しなければならない書類も多く、それを確認し、必要なら修正等をするのも部局長の仕事である。他の部局と交渉をする必要もあるし、国内外から訪問客がある場合には、部局を代表して応対しないといけない。

加えていえば、部局長を務めているからといって、教育上の義務が大きく免除されるわけでもない。部局長は一時的な役職にすぎないから、任期が終わればヒラ教授に戻る。部局長を務めたことにより、その後の給与に違いが出るわけでもない。

そもそも多くの大学教員は「教員」として以上に、「研究者」としてのアイデンティティを持っており、自らの研究のための時間が削られることを好まない。

ゆえに、多くの大学の多くの部局における部局長選挙は誰も進んで立候補する人のない、あたかも「小学校の学級委員長選挙」のような状態になる。ときには「私には絶対投票しないでください」という自らへのネガティブキャンペーンをする人まで現われるほどだ。

もちろん、まったく誰が当選するかわからない選挙だと、あまりにも予測可能性がないので、多くの場合、年齢順や専攻順等の慣行があり「次はこの人だろう」という予測がある程度立つようにはなっている。また、副研究科長や副学部長といったナンバーツーのポストもあるので、そこから順当に繰り上げになることも多い。とはいえ、副部局長をはじめとする有力者が何かしらの事情により部局長になれない場合や、本人が部局長就任を強く固辞した場合には、選挙は混沌としたものになる。ちなみに多くの部局では、候補者の票が割れたときには、特定の候補者が過半数の支持を集めるまで、決選投票を行うシステムになっている。少数派だけの支持では、教授会の運営が困難であり、簡単に行き詰まってしまうからである。

コラム 大学教員と人間関係

大学教員にとっての人間関係というと、どんなことを想像されるだろうか。「教授会で口角飛ばして議論する教授たち」「舌鋒鋭く学会で論敵を追い詰める学者の群れ」といった感じかもしれない。

筆者の感じるところでは、大学教員の人間関係には、まったく異なる二つの面が存在する。一つは「個人の名前」で作る人間関係である。とりわけ研究者としての大学教員は、自らの名前を出して論文や著書を書く仕事なので、大学や部局といった所属先ではなく、学会や学外の会議で培った個人的な人脈が重要になる。本書でも再三登場するように、研究を続けるためには「営業」も必要なので、人間関係の作り方もアグレッシブで前向きになりがちだ。そこでは彼らは、自らの優秀さを競い合い、他人を押しのけるかのように生きている。少し古い表現を使えば、「二番じゃダメなんですか」と問われて、ダメなのがこの業界だからである。だから、大学教員はときに、自らが「二番から一番」になるために、相手を押しのけ、自らの優秀さを誇ろうとする。

だが、大学教員の人間関係には異なる側面もある。文部科学省の統計によれば、四年制大学だけで一九万人、短大と専門学校をあわせれば二〇万人強も日本国内にいる大学教員であるが、その出身大学を見れば一定程度、特定の大学に集中していることがわかる。しかも、各研究領域や地域においては、有力大学の強弱に違いがあるから、特定の地域の特定の領域に関わる大学教員市場は、東京大学や京都大学をはじめとする一部有力大学出身者の寡占状態になりかねない。そして、そのような一部大学出身者の大きな存在は、大学教員の人間関係の中に、学生時代からの先輩・後輩関係として反映され、ひいては年功序列的な関係となって表れる。「あいつは学生のときからあんな奴だった」。そんなことを還暦間際まで言われつづけるのは、この業界だけかもしれない。

そして、それは当然のことながら、大学教員の人間関係における矛盾となって表れる。大学教員の世界では――少なくとも従来は――年齢は人事を考える上で重要な基準であったし、また、若い人を年長者よりも上の職階に付けることを忌避することが多かった。とりわけ、同じ出身大学、同じ研究室出身の研究者の間で、年齢と職階の上下を入れ替えるのは、多くの場合において禁忌であった。しかし、そのことはときに「良い研究／仕事をすれば報われる」そう教えられ、信じて切磋琢磨してきた人を、落胆させる。大学教員の世界では、いったんテニュアを獲得してしまえば、問題を起こして懲戒されることはあっても、職階を下げられることはほぼないので、研究業績等で大きな成果を上げていない人が、より優秀な若手より上位の職階に居座りつづけていることも珍しくない。

能力主義の「建前」と年功序列の「現実」は、結果として、大学教員の間で、同じ大学を卒業した似た年齢で、似た研究をしている人たちの間に、きわめて狭いライバル関係を作り出す。彼らは同じ論文発表の機会や同じ研究資金、そして同じ大学の同じ職階のポストを争うことになるからだ。さらにいえば学閥が羽振りを利かせているかぎり、自らの成功のためには所属する学閥の中での序列も重要になる。

だからときに、大学教員は自らと異なる領域の研究をし、異なる大学を卒業し、異なる地域の異なる大学で仕事をしている人とのほうが、同じ「学閥」や研究室出身の人々とよりはるかに仲が良かったりする。それは縄張り意識を持つ鮎が、他の鮎とは共存できなくても、他の魚とは共存できるのと似ているかもしれない。よほど大きな大学でないかぎり、一つの分野の専門家は一人で十分であり、その縄張りを失えば生きてはいけないからである。

どうして大した論文を書いてない奴があんな恵まれた大学に!!
どうして大した論文を書いてない奴が俺の指導教員に……

第三章　大学教員の働き方

†裁量労働制

ここまで組織としての大学の在り方を紹介しつつ、その組織を支えるためにどのような職務を大学職員が遂行しているのかについて書いてきた。それではそのような組織の中で、大学教員はどのような日常を過ごしているのだろうか。

この話を書くために最初に説明しなければならないのは、現在、国立大学のほとんどで採用されている教員の「裁量労働制」というシステムである。裁量労働制とは、実際の労働時間でなく、あらかじめ企業と労働者で規定した時間を働いたものとみなし、その分の賃金を支払う制度であり、「業務遂行の手段や方法、時間配分等を大幅に労働者の裁量にゆだねる必要がある」一部の特殊な業務にのみ認められているものである。大学教員はこの「専門業務型裁量労働制」の対象として法令が認める一九の業種の一つになっている。

この裁量労働制の大学における実際の運用については、さまざまな議論が行われており、裁判になっているケースもある。従って、法律の専門家ではない筆者がこれをくわしく説明するのは不適切であり、ここでもやはりあくまで筆者の経験からのみ記しておこう。

明らかなのは、この「裁量労働制」の下、多くの国立大学では大学教員に対して、たとえば「朝九時に大学にやってきて夕方五時まで八時間勤務する」「これを超える労働を行った場合には残業手当を支給する」かたちでの働きかたを要求していない、ということである。とはいえ、そのことは大学教員が何時でも好きな時間に大学に行って、好きな時間に帰れることを意味しない。授業や会議の時間は決まっているし、事務方の勤務体系が裁量労働制ではない以上、学内行政に関わる仕事は主として基本的に「九時から五時」の間にしかできないからだ。

また一般的に、自然科学系（いわゆる理系）の部局では、研究のための設備が必要な関係上、時間帯はともかく毎日大学に通勤する人が多いのに対し、人文系や社会科学系（いわゆる文系）の教員の中には、「家でも研究できる」人や「フィールドワーク等で大学の外に出なければならない」人も多く、キャンパスに顔を出す日が相対的に少ない人もいる。

このような、研究分野による勤務形態の違いは、ときに大学教員の間で誤解と軋轢を生む。つまり、「研究室に来ていないからあの人は研究をしていないに違いない」という誤解と、それにより生じる軋轢である。問題は、大学に来ていない人がきちんと仕事をしているかどうかは、本人以外にはわからないことかもしれない。とりわけコロナ禍が続いた二〇二〇年から二二年にかけては、大学では学生向けの授業のみならず、会議についてもオンライン化が進み、遠隔で仕事をすることが増えたので、かつてよりさらに「大学外で教務ができる」範囲が拡大した。なので、大学によっては教員に事前に「一週間の標準的な勤務スケジュール」を申請させて、その時間帯には教員が「勤務をしている」前提で事務処理を行っているところもあると聞く。

大学教員の労働形態が程度の差こそあれ、このような特殊な形になっている理由の一つは、そもそもの「研究」業務の範囲の不明確さにある。たとえば、筆者の場合には、韓国政治や日韓関係、さらには両国に横たわる歴史認識問題について研究をしているので、現地でデモを見たり、博物館を訪れてその展示内容や解説を調査したりするのも研究の一環である。また、ときにはその知見を活かすべく日韓両国の政府関係の会議に出席することもあれば、海外のシンポジウムに出て議論することもある。調査した資料やデータをまとめてUSBメモリに保存しておけば、移動中の新幹線の車中でも、喫茶店でも論文は書ける。夜中に突然、アイデアが浮かんで論文を書きだすこともあれば、趣味のロードバイクに乗ってブツブツと喋りながら、学会報告の練習をすることもできる。教育業務も同様であり、休日にふと思いついて、指導している大学院生の論文を読んでコメントを付けたり、家族旅行の旅先で翌週の授業のスライドを作ることもある。なので、果たしてどこからどこまでが自分の労働時間なのか、自分自身でも区別がつかない状態になる。

だから裁量労働制はありがたいといえばありがたい。しかしそこには難点もいくつか存在する。一つはよく知られているように、労働時間の使い方に裁量が許されている一方で、どんなに働いても、通常は残業手当がつかないことである（大学からの業務命令で超過勤務をする場合を除く）。この問題が深刻なのは、何かしらの形で実際には長時間労働が強制、要求されている場合である。たとえば、通常の教育や研究業務以外に、膨大な学内行政に関わる仕事を押し付けられ残業しても、その教員には金銭的な見返りは存在しない。だから、多くの人はこれらの業務を避けようとし、結果として引き受け手がいなくなる状況が生じる。働きたくないから、というよりは、限られた労働時間をできるだけ研究業務に割きたいからであり、またそれは、大学教員の評価の多くが研究業績によってなされるからだ。学内行政をどんなに頑張ってもその成果が評価されることは少なく、「働き損」になるというわけである。各種委員会等の手当の不在とあわせて、大学教員という仕事の難点の一つだといえるだろう。当然ながらこのような状況は、教員間に不満を発生させ、多くの人々が学内行政をはじめとする負担を回避しようとする主たる理由になる。

†学年暦と授業の厳格化

裁量労働制が大学教員の日々の労働時間の配置時間を決めるものだとすれば、大学の「学年暦」は、労働時間の配置を、一年を通じて決めるものである。周知のように、大学の学年暦には、学生に向けて授業が行われている時期と、そうでない時期があり、後者は「学休期間」などと呼ばれている。夏休み、冬休み、春休み、がそれであり、「大学生は休みが多くて羨ましい」などと言われる所以の一つになっている。

しかしながら、この制度を大学教員の仕事、という観点から見直してみるとき、最初に注意しなければならないのは、これらは「授業が行われていない期間」にしかすぎず、「大学が休みである期間」ではないことだ。すでに述べてきたように、大学教員の仕事には授業や演習の担当といった教育業務だけではなく、研究や学内行政、さらには社会貢献等も含まれている。当然のことながら、大学という組織が動いている以上、授業が行われていなくても、学内行政は動いているし、先にも述べたように、学休期間こそが、多くの教員にとってはまとめて研究が遂行できる貴重な期間になっている。だから、たとえば、フィールドワークにより資料を集める人々は研究の現場に飛び、学内の施設で実験に勤しむ人たちは、黙々とそのデータを集める。遠い国で行われる国際学会で報告するために海外出張する人もいれば、研究室に籠って黙々と論文や著書を執筆する人もいるだろう。

考えてみれば、もっとも重要な入学試験が行われるのも、学生にとっては春休みに当たる時期であり、また多くの大学では夏休みの間に、オープンキャンパス等のイベントも行われるから、教育関連業務だって行われていないわけではない。大学院では、論文や研究の指導も学休期間にも行われる。大学院生にとっても、「授業が行われていない期間」こそが、もっとも集中して論文が書ける期間だからである。最近では夏休みは、大学教員にとっての最大の研究資源である「科学研究費補助金」の申請期間にも当たっているから、その申請書類を完成させることも重要な仕事である。

いずれにせよ「学休期間」は大学教員にとって「お休み」ではない。事実、筆者はこの文章を書いている二〇二四年度、研究科長として「夏休み」の間、ほとんどの日に研究科長室に出勤し、大学の業務をさばくことを余儀なくされている。

大学教員の「学年暦」を考える上で、もう一つ押さえておかなければならないのが、近年の教育内容の厳格化の影響である。背景にあるのは、文部科学省の指導であり、現在の大学では各授業において、単位数に応じた授業回数等の厳格実施が求められている。たとえば半期二単位の授業であれば、九〇分程度の授業を一五回以上行う必要があり、休講す

4月　4日 8日 24日 随時	入学式、新入生オリエンテーション（春季） 前期第1クォーター授業開始 博士前期課程入学試験（英語コース） 博士後期課程入試
5月　15日	創立記念日　＊休日ではありません
6月　6日・7日 15日 この周辺 20日	前期第1クォーター授業終了・第2クォーター授業開始 オープンキャンパス（研究科） 各学会の年次大会、理事会 博士論文提出期限（夏季）
7月　15日	修士論文提出期限（夏季）
8月　5日 6日 この周辺 13日～15日 22日 下旬～9月	前期第2クォーター授業終了 夏季学休期間（9/30迄）、集中講義期間（9/15迄） 可能なら3～5日程度有給休暇を使って夏休み 夏季一斉休業　＊事務室が閉まる期間という意味です 修士論文最終審査。博士論文最終審査は随時実施 1週間ほどの現地フィールドワーク調査
9月　2日～3日 随時 25日	博士前期課程入学試験（日本語コース・秋季） 博士後期課程入試 学位記授与式（秋季）
10月　1日 9日 26日	入学式、新入生オリエンテーション（秋季） 後期第3クォーター授業開始 合格者オリエンテーション ホームカミングデー
11月　9日・10日 上旬 この周辺 28日・29日	学園祭 提携大学との合同シンポジウム 各学会の年次大会・理事会 後期第3クォーター授業終了・第4クォーター授業開始
12月　20日 28日～1月5日	博士論文提出期限（冬季） 冬季一斉休業　＊授業がなく、事務室が閉まる期間です
1月　18日、19日 31日	大学入学共通テスト 修士論文提出期限（冬季）
2月　1日 随時 4日 10日 22日 この周辺 下旬～3月上旬	博士前期課程入学試験（日本語コース・冬季） 博士後期課程入試 後期第4クォーター授業終了 集中講義期間（3/15迄） 修士論文最終審査。博士論文最終審査は随時実施 各種外部評価委員会 1週間ほどの現地フィールドワーク調査
3月　25日 この周辺	学位記授与式（春季） 可能なら国際学会出席

【定例のお仕事】
第一水曜日　教授会
第二木曜日　部局長会議
第三木曜日　教育研究評議会
最終水曜日　運営委員会

表3-1　大学教員の一年
筆者の2024年度の例から。イベントの日付は毎年異なる。

ればその数だけ補講を行うことが義務付けられている。だから今の大学の制度では、突然の休講通知は、昔のように歓迎されなくなっている。今の学生は「コストパフォーマンス」にも敏感なので、学費を払っている以上、教員が休講なしに授業を実施することを望む雰囲気も強い。補講のために開けてある日程にも限りがあるので、今の大学では――きちんとルールが守られていれば――たとえば学会や研究調査を理由に、むやみやたらに授業を休講にすることはもはや不可能であり、このルールを破れば教員の責任問題にすら発展しかねない。

授業の実施回数の厳格化は、先に述べた「学休期間」の在り方にも変化をもたらしている。日本のカレンダーには「国民の休日」も多く、先に述べたような半期二単位の授業に必要な一五回の授業を、カレンダーに詰め込むのは至難の技である。国立大学の場合、共通テスト等の関係により、入学試験の時期も決まっているので、授業実施期間は自由に動かせない。加えて現在の国立大学の多くでは、前期・後期の二学期制ではなく、前期・後期をさらに二分割する「クォーター制」なるものが実施されている。クォーター制の場合、一つの授業は八コマ、これとは別に一コマの定期テストの時間が必要になるから、クォーター二つから構成される半期には、最低限一八週、加えて補講期間が必要になる。

このような状況は、結果として、大学の学期をかつてとは比べ物にならないほど、長いものとさせている。たとえば、筆者の勤務先の場合、前期の終了は八月第一週。つまり、お盆休み直前まで授業が行われている。全国の小中高生の大半が夏休みを謳歌している頃、大学教員は教室に出向き、授業を行っているのだ。

授業の厳格化はその内容にも及んでいる。大学設置基準では、一単位の授業に対して四五時間の学修時間を標準とする、と定められている。この学修時間とは、授業時間と授業外の学習時間をあわせた数字のことである。ちなみに多くの大学では、昔から九〇分の授業時間を二時間の学習時間として数える奇妙な習慣があるので、一五回の授業を実施すれば、それで学生に三〇時間の学修時間を課したことになる。

これを二単位の授業に当てはめると次のようになる。この授業では四五時間×二単位＝九〇時間の学修時間が必要であり、そのうち三〇時間は授業中にすでに使っている。それでは残りの六〇時間はどうするのか。当然、学生たちはこの「学修」を、授業外に行うことになる。二単位の授業には最低限一五回の授業回数が必要だから、一回の授業に付随する授業外の学修時間は、六〇時間÷一五回で四時間になる。

しかし、学生に対して、「家に帰って毎週四時間勉強しろ」と闇雲に要求しても、何をどう勉強してよいのか見当もつかないだろうから、大学教員は学修時間に相当する課題を学生に与える。課題は、文献の講読なり、練習問題なり、レポート執筆なり、はたまた論文指導なりさまざまであるが、これが今の大学教育の基本のルールの一つになっている。

†教育業務

教育に関わる規定が厳密になるほど、大学教員が行わなければならない教育業務は増える。しかし、現実にはこの教育業務の負担は、これまた大学や所属部局等により、実にさまざまである。東京大学や京都大学等の恵まれた大学の恵まれたポジションでは、週にわずか一コマしか授業をしなくてもよい、という例もあるらしい（大学内にある研究所配属の教員の中には授業負担がまったくない、という人もいると聞く）。一方で、私立大学においては、小中学校の先生と同様に、時間割がぎっしりと詰まっていて、一週間に二〇コマを超える授業を担当している例もある。

ちなみに筆者は「大学院専任」教員という、この授業負担面においてはきわめて恵まれたポストに就いている。すでに紹介したように、助教授就任当時のノルマは、博士前期課程一年生向けの演習を週に二コマ担当すればいいだけで、指導学生すらいなかったから、お世辞にも授業負担が多い、とはいえなかった。友人等からは、「いいところに転職したなぁ」と羨ましがられたものである。

しかしながら、同じ大学院に勤務する筆者のそれから二七年後の状況は当時とは異なっている。筆者の大学院における授業負担は、日本語と英語で行う演習があわせて三コマ、これ以外に一コマの日本語、もしくは英語の授業を毎学期担当することになっている。ちなみにこの大学では「一コマ」とは九〇分の授業のことである（大学によっては、「一コマ」が一〇〇分だったり、一二〇分だったりする例もある）。

授業負担がかつてと比べて増えている理由は、転職当初と異なり、指導学生を有するようになったので、自らが担当するゼミが増えていること、他の教員と共同で行っていた授業を単独で持つようになったこと、そして、勤務する大学院に二〇〇四年から博士前期課程に、従来のコースに加えて、新たに「英語コース」が設置されたことである。この「英語コース」とは、留学生を対象とした、英語のみを授業使用言語として教育を行うコースであり、当然筆者も英語のみにて授業やゼミを行っている。これも一時期、文部科学省の指導で各大学に設けられたものである。

留学生教育とそのための奨学金確保に向けた、大学教員の仕事については、後によりくわしく論じることにしよう。とはいえ、大学の教育現場における変化は、このような留学生や留学生向け教育の拡充のみにあるのではない。たとえば、今日の大学では学生の授業への出席を厳しく管理することが求められるようになっている。大学によってはこの管理を、学生証に埋め込んだＩＣチップを端末にタッチする等の方法で行っているところも増えているようだ。つまり、今の大学では教員が授業をむやみに休講にしたりできなくなっているだけでなく、学生も授業に参加せず、期末の試験にだけ参加して単位を取ったりすることがきわめて難しくなっている。

こうして教育内容が厳格化されると、教員側の教育業務も増える。研究の水準や方法は日夜進歩しているので、授業ノートのアップデートは欠かすことができないし、教室で照射するパワーポイントファイルや、配布資料の準備も必須である。レポート等の課題を要求すれば、当然のことながらそれを読み、評価しなければならず、結果、一コマ九〇分の授業への準備は、一回当たり通常数時間、ときには半日近くに及ぶ。授業以外にも、卒業論文や修士論文、博士論文の指導や審査もあり、業務は深夜にまで及ぶことになる。

重要なことはゆえに、今日の大学教員にとって、授業をしている時間は、教育業務に従事している時間のごく一部でしかないことである。そして、この教育業務に割いている時間もまた、大学教員の労働時間全体の一部でしかないのである。

†学内行政事務

さて、すでに教授会や執行部会議との関係で、大学には多くの委員会が存在し、大学教員がそれに従事していることについては触れた。それではこれらの委員会はどれくらい存在するのだろうか。たとえば、それを筆者が現在勤務している部局の「各種委員会委員名簿」から全て書き出すと以下のようになる。

まず、委員会には部局の中に置かれているものがある。執行部会議である運営委員会、広報委員会、学生・就職委員会（兼ハラスメント防止委員会）、教務委員会、入試実施委員会、英語プログラム委員会、評価・ＦＤ委員会、編集委員会、図書委員会、情報処理委員会、研究倫理審査委員会、留学生委員会の一二委員会である。部局にはこれ以外に、キャンパス・アジア・プラス実施委員会が置かれ、他にハラスメント相談員、部局システム管理者、ＪＤＳ等交渉担当、環境保全推進員、衛生管理者なるものが置かれている。これ以外に専攻の運営を司る専攻会議も存在する。

委員会は部局を超えた範囲にも存在し、筆者が勤務するのと同じ社会科学系の部局により構成される、六甲台建築委員会、澤村正鹿学術奨励基金運営委員会、田崎奨学基金運営委員会、電算機合同委員会、六甲台ネットワーク運営調整委員会、六甲台データベース委員会、六甲台校内車両対策委員会、六甲台教務関係連絡会、六甲台僚友会、「凌霜」誌担当、国民経済雑誌常任委員会、が置かれている。ちなみに「六甲台」はキャンパスの名前である。

他方、大学本部レベルの委員会もあり、教育評議会、大学院委員会、大学評価委員会、インクルシーブキャンパス&ヘルスケアセンター運営委員会、創立百周年事業委員会、附属図書館審議会、学舎総合計画委員会、環境・施設マネジメント委員会、学術振興基金運営委員会、基金委員会、入学試験委員会、博士学生フェローシップ委員会、学生委員協議会、大学教育推進機構大学教育推進委員会、大学教育推進校全学評価・FD委員会、附属図書館運営委員会、学術研究推進機構学術研究推進委員会、情報基盤センター運営委員会、広報委員会、情報セキュリティ委員会、安全衛生委員会、知的財産紛争処理委員会、国際連携推進機構国際交流委員会、留学生委員会、ハラスメント防止委員会、環境保全推進センター運営委員会、神戸大学ホームカミングディ・プロジェクト委員会、EUIJ関西運営委員会、都市安全研究センター運営委員会、計算社会科学研究センター運営委員会、キャリアセンター運営委員会、入学試験実施委員会、海外学生派遣委員会、博士課程フェローシップ及び博士支援(次世代)実行委員会、神戸大学一二〇年史編集委員会、グループウェア運用管理委員会、附属学校部運営員会、インクルシーブキャンパス&ヘルスケアセンター障害学生支援部門運営小委員会等に、この部局は委員を出している。おのおのの委員会がどのようなものであるかを説明すると、本書のページ数がいくらあっても足りないので、読者の皆さんが自由に想像力を膨らませてほしい。

委員会の委員としての仕事は「会議に出ること」だけではない。たとえば、部局内で教育業務を管轄する教務委員会であれば、委員は時間割やシラバスの確認、さらにはインターシップの内容や、学生が海外を含む他大学で取得した単位の認定処理を行わなければならない。学生関係の委員会であれば、各種のハラスメントの相談に応じたり、また、新入生の歓迎会や修了生のための歓送会を準備したりする必要もある。情報処理委員は、ネットワークの不具合に対応しなければならないし、部局内のネットワークの不正利用やウイルスが確認された場合には、本部のネットワーク担当部門と協力して、即座に発信元を特定し、その接続を遮断する必要もある。こうした職務の遂行には事務方との協力も必要であり、その打ち合わせや準備のための時間は、大学教員の業務の相当な部分に及ぶ。

ともあれ、こうしてこの部局では各種委員会の委員等に選任されている教員の延べ人数は一二一人にも及んでいる。委員会の中には、職階等、委員に就任するために一定の条件を必要とするものも多いから、一般に担当する委員会の数は、助教から講師、准教授、そして教授へと進むと飛躍的に多くなる。

なお、ここで紹介している筆者が所属している部局にいる専任教員は、助教から教授まで全てあわせて二四名であるから、一人当たり平均六個近い委員を兼任している計算になる。兼任する委員数が最多になるのは当然、研究科長であり、筆者が現在出席しなければならない委員会等の総数は、上記以外のものを含めて何と二六にもなっている。

†研究業務

教育業務と学内行政事務は、いわば大学教員なら誰かが担当しなければならない「義務」であり、これに従事するあいだ、教員は時間的にも空間的にも拘束されている。大学の予算削減が進むなか、人件費が年々削減され、教員数も減っているものの、それにより学生に与えなければならない単位数や、出席しなければならない会議の数が減るわけではない。ゆえに教員一人当たりの、教育と学内行政に関わる負担は年々多くなっていく。

重要なのは、大学教員がこのような次第に増加する教育と学内行政の負担を負いながら、もう一つの主たる職務である研究を遂行しなければならないことである。結果、今の大学では教員の研究時間は減少の一途を辿っており、文科省の調査によれば二〇〇二年には四六・五%だった教員の労働時間に占める研究時間の割合は、二〇一八年には三二・九%にまで落ち込んでいる。

ちなみに厚生労働省によれば、「裁量労働制」を大学教員に適用する要件として、「主として研究に従事する」ことが求められている。具体的には、「講義等の授業の時間が、多くとも、一週の所定労働時間又は法定労働時間のうち短いものについて、そのおおむね五割に満たない程度であること」がその内容である。しかし先の調査結果に表れているように、大学教員の労働時間に占める研究時間の割合は、五割を大きく切っており、「主として研究に従事する」状態とはいえなくなっている。さまざまな役職を兼任している筆者の場合、研究らしきものに使える時間はさらに少なく、授業が行われている学期中には、週に四~五時間も割ければよいほうである。

さて、そのような限られた時間で行われる研究業務であるが、その内容はといえば、これはもう研究対象によってまったく異なってくる。大規模な実験設備を使わねばならない自然科学系等のある分野では、研究場所は大学の施設やそれが置かれた研究室になるのだろう。他方、人文社会科学系の分野の中には、書籍や古文書等、文献資料によって進める研究もあり、この場合には資料館等が主たる研究場所である。筆者のようにフィールドワークやインタビュー、さらには海外での文献調査を主とする場合には、学休期間に現地へと渡り、集中的に調査を行うことになる。

また、研究業務においては、単に実験や調査をしたりするだけでなく、その成果をまとめて公表することも重要である。とはいえ、この公表の形式もまたさまざまである。たとえば、筆者が学生時代、日本の研究者の多くは、日本国内、しかも大学で発行される雑誌――「学内紀要」――に、日本語で論文を書いていた。そこでは論文を掲載される際の事前チェックは存在しなかったから、研究の質を担保するのは、研究者自身の「自覚」だけであった、と言ってよい。

しかし、その後自然科学系を中心に、論文執筆のスタイルは大きく変化した。紀要はもちろん、国内の学術誌に論文を投稿する人は急速に減少し、出版の場は主として英語にて執筆される海外有力雑誌に変化した。また、国内外を問わず学会誌への論文の掲載にあたっては、「レフリー」と呼ばれる複数の査読者による匿名での事前チェックが行われ、この審査を合格した論文だけが掲載されるようになった。審査の過程ではレフリーから修正要求が付くことも多く、著者はこれらに応えて論文を修正しなければならない。こうしてようやく公表されるのが「査読論文」である。

しかしそれでは研究成果は「査読論文」であればなんでもよいのか、といえばそうでもないから難しい。このあたりの「論文」に求められる基準は、大学や部局によりきわめて多様であるが、たとえば大学によっては、Web of Science や Scopus といった著名な国際雑誌等を集めたデータベースに収録されている論文だけを、「主たる業績」としてカウントする、というところも増えている。この場合には、国内の学術雑誌や、これらのデータベースに収録されていない国際雑誌にどれだけ論文が掲載されようと、「主要な業績」としてはないのと同じ、ということになる。

大学や部局により業績のカウント方法が異なるのは、論文よりも書籍においてさらに顕著になる。自然科学系の多くの部局では、書籍は学術成果出版のためというよりは、知識を一般社会に普及させるためのもの、という理解が強く、ゆえに「研究業績」としては重視しない。他方、歴史学や文学といった人文学の分野では、学術雑誌に掲載される論文よりも、その成果を集めた書籍の方が、より価値のあるものとされることが多い。こうして異なる研究分野の教員が、異なる価値観で研究成果の評価を行うことで、ときに誤解や対立が生まれる。

にもかかわらず、共通しない部分がないことはない。たとえば、新書や文庫本等、一般向けに書かれている著作は通常、研究業績にはカウントされない。新聞や総合雑誌等に書かれたコラムも同様であり、これらは「研究業績」ではなく、「社会貢献」としての評価になる。テレビへの出演等の扱いも同様である。

だから、テレビにたくさん出て、一般書を多く書いている、世間に広く知られている「有名教授」が、ただちに優れた研究者、であるわけではない。両者はまったく異なる仕事であり、だから異なる形での評価を与えられる。それも「大学教授という仕事」の現実の一つである。

†対外活動

そして大学教員にはこうした「社会貢献」の仕事も多い。メディアへの露出はその一例にすぎず、その他に国や地方自治体の業務への各種委員としての参加や、市民講座等での各種講演や原稿執筆、最近では将来の学生募集への効果を睨んだ高校への「出前授業」、などというものも存在する。教員の中には、企業へのアドバイスをする「顧問」的な仕事をしている人もいるし、筆者のようにNPO法人の理事や理事長をしている例も存在する。

こうした大学教員の「社会貢献」には、大きく分けて二つの種類が存在する。一つは、自らが所属する大学の業務に属するものである。大学が主催する市民講座や高校への出前授業は、その一例であり、大学から依頼されて業務を行うことになる。

他方、国や地方自治体の各種委員会委員への就任や、メディアへの出演、さらには大学外での講演や原稿執筆は、大学の業務の一部ではないので、大学にとっては教員が他の仕事を「兼業」しているという扱いになる。これらの仕事の中には、たとえば共通テストの試験問題の作成や、科学研究費補助金等の審査員といった、大学の仕事と密接に関係したものもあれば、一時期話題になった日本学術会議の委員、などというものもある。これらは大学の仕事と密接には関連していても、大学という組織のための仕事ではないので、原則として大学に届け出が必要であり、これらの業務に従事している間は、「大学での労働時間」には算入されない。とはいえ、実際にどこからどこまでが「大学外」の業務で、どこからが「大学内」の業務なのか、はなかなか線引きが難しい。たとえば、筆者の場合、自らの主たる研究の一部として、韓国政治や日韓関係についての分析を行っている。だから、その分析の結果として書籍を書いたり、コラムを書いたりするのは、研究活動の一部だといえないことはなく、また専門書の場合には「主たる業績」の一つとして算入することもある。とはいえ同時にこれらの活動には副収入が生じることもあり、その場合、どこからどこまでが副収入のための活動であり、どこからが大学の給与内の活動なのかを決めることはほぼ不可能である。

強調すべきなのは、ときに「大学のことしか知らない」と言われる大学教員であるが、外部の人が想像する以上に、「大学外での活動」が多いことである。筆者の場合であれば、書籍を出版するためには、出版社との交渉が必要であり、ときには出版のための助成金も取ってこなくてはならない。一般に大学教員が自らの研究成果として出版する「専門書」は、大部にもかかわらず、発行部数が多いもので数千部、少ないものではわずか数百部なので、それだけなら出版社にとっては赤字となる。だから、出版してもらうには、一生懸命企画書を書き、交渉をし、助成金を取ってこなければならない。

メディアとの交渉も同じである。きわめて一部の有名芸能プロダクションと契約を結んでいるような超有名「タレント教授」を別にすれば、大学教員は自らのマネジメントを自らで行っている。出演したくない番組や書きたくない媒体も多くあり、交渉に当たってはオファーをくれたメディアについて、事前に詳細に調べる必要もある。また出演料や原稿料について、こちらから聞かなければ教えてくれないところも多いので、その相場もある程度知っておく必要がある。驚くなかれ、テレビやラジオの番組出演や、新聞社の取材においては、出演料やコメント料が「ゼロ」ということは決して少なくないからだ。ちなみに筆者くらいだと、テレビ番組の出演料やコラムの原稿料は二〜三万円というのが相場である。とりわけテレビ番組の出演は、筆者の勤務地がある神戸から新幹線に乗って東京のスタジオに往復するだけでも、往復七時間近くかかるから、御世辞にも割の良い「アルバイト」とはいえない。

なお、所属する大学外での業務、という意味では、先に少し触れた、他大学での「非常勤講師」としての教育もそれに当たる。当然、事前に兼業申請が必要である。ちなみにこちらの相場は、半期二単位、一五コマの授業を担当しても、二〇万円を超えない程度である。授業を行うには教材作りやレポートや試験の採点等の時間も必要であるから、こちらもあまり良い「アルバイト」とはいえない。なので大学での常勤のポストを持たない人が、非常勤講師を掛け持ちして生計を立てるのは、なかなか大変なのである。

大学教員の外部との接点は、研究や教育の面のみならず、大学行政においても存在する。大きな組織である大学はそれなりに予算を有しているから、教室の設備や実験の器具、さらには大学の広報等に必要なものを外部から購入したり、管理を委託することに係る業務も多い。通常、こういう実務的な仕事は、事務方の職員が行うのだが、業務によってはこれに直接教員が携わることもある。たとえば、筆者はかつて大学全体のホームページ更新業務を担当したことがあり、必然的にこの作業を外部の業者に依頼することになった。国立大学では、一定以上の金額を支出する物品を購入したり、外部委託する際には、入札を実施する必要があるので、入札要件を決める書類を作成したり、あるいは入札内容の妥当性を審査したりする業務を行わねばならなかった。

筆者が実際に行った大学内の業務の中から、対外関係に関わるものをもう一つ紹介するなら、大学の「国際関係」に関わるものがある。これについては、筆者の大学教員としての仕事の特徴でもあり、第七章でくわしく説明したい。

†外部資金獲得

こうして見ると、大学教員の仕事の中には、「営業」に近いものが数多く含まれていることがわかる。詳細は第六章に譲るが、このような大学教員の「営業」活動がもっとも重要になるのは、大学の業務に関わる資金の獲得においてである。今日、大学が獲得を目指す資金はきわめて多様である。

まずは、個々の教員が自らや自らの研究チームのために獲得を目指す外部資金がある。これらの資金には、政府系のものと民間のものがあり、それぞれに応募の時期や性格、金額などが異なっている。もっとも有名なのは、文科省が募集している「科学研究費補助金」、通称「科研費」だろう。年間二〇〇〇億円以上の総額を有するこの「外部資金」は、今日、ほとんどの大学教員にとって、何はともあれ応募しないといけない経費になっている。とはいえ、その「当選率」はおよそ二五%。原則として、自らが代表者となって獲得できるのは、科研費の大部分を占める「基盤研究」というカテゴリーでは一人一件までなので、四人のうち三人は涙を呑んでいる計算になる。多くの分野では、どんなに能力があっても、研究費がなければ本格的な研究はできないから、申請書を書いて「外部資金」を獲得する能力は、大学教員にとって今や必須のものといえる。

「外部資金」の獲得や執行には、書類の作成等を含むさまざまな事務作業が伴うが、元々の国立大学にはそのための専門のスタッフがいたわけではない（今日ではこれを助ける部署を持つ大学も多くなった）。結果、多くの大学ではこの新たな仕事を従来からいる教員や事務職員が処理することになり、行政事務が増加する。だからときに、その仕事を担当させる職員を雇うために別の外部資金が必要であり、そのためにさらに書類を書く、という本末転倒した状況になっている。

✝ワークライフバランス

さて、それではこのような大学教員の仕事は、その人生設計においてどのように表れてくるのだろうか。この点においてもっとも特徴的なのは、「裁量労働制」がもたらす影響である。すでに述べたように大学教員の多くは、厳密な「九時から五時」的な労働時間に制約されていないので、ある程度までは自分の労働時間の配置を自らの意思によって変えることができる。

そしてそのメリットがもっとも顕著に現れるのは、育児においてであろう。つまり、子どもがまだ幼く幼稚園や保育園への送り迎えが必須の時期において、大学教員は他の仕事に従事する人たちと比べて、柔軟な時間的対応が可能である。事実、筆者の所属先においても、夫婦が共働きの場合、妻か夫かにかかわらず、幼稚園や保育園の送り迎えは大学教員を務めている側が行っている、という例はとても多い。研究場所が必ずしも大学に限定されない人文・社会科学系の研究であれば、多くの時間を自宅での滞在時間に割くこともできるから、子育てにおけるメリットはとても大きい。

裁量労働制がもう一つ明確なメリットとなって現れるシチュエーションは、介護においてであろう。労働時間を相対的に自由に配置でき、かつ勤務場所にも自由度がある大学教員は、たとえば家庭に介護が必要な老親がいる場合や、急病等で病院に詰めなければならない状況において、比較的柔軟に対応することができる。

筆者の経験した範囲における、大学教員のライフバランスにおけるもう一つの特徴は、先に述べた「サバティカル」あるいは「在外研究」制度の影響である。これらの制度は本来、教育や学内行政業務に忙殺される教員に対して、まとまって研究業務に集中できる期間を与えるものであり、この期間、多くの大学教員は国内外の他大学や研究機関に所属して、研究に専念することになる。大学教員の中には、このサバティカル期間中に滞在する研究機関に家族を伴うケースも多く、子供たちにとっては貴重な海外生活等を送る機会ともなる。

他方、このサバティカルの例にもあるように、相対的に大学教員は国内外への滞在や出張が多い仕事であり、これは逆に子育てや介護において、大きな障害となることもある。研究活動を行なっている以上、国内外の学会での活動や異なる研究者との交流は、ある程度避けられないものだからである。従って、学会等に自らの子ども等を伴うケースもあり、そのための臨時の託児施設を会場に設ける例も最近では生まれている。

このように見ると、大学教員の仕事は相対的に子育てや介護に優しいものであり、女性にとっても就きやすい仕事にみえる。しかしながら、現実の大学の世界において、女性教員が占める比率は決して高いとはいえない。とりわけ自然科学系の部局における女性教員の比率はきわめて低く、文部科学省が掲げる「女性教員比率二〇％」という決して高いとはいえない目標の達成に、各大学は四苦八苦している状況である。

大学教員における女性教員の比率の低さの理由については、多くの研究があり、その見解は必ずしも一定しない。とはいえ明らかなことは、現在の大学教員の困難な就職事情が、多くの女性にとって、結婚、出産、育児といった人生設計の見通しを難しくしていることであろう。仮にどんなに育児にふさわしい労働環境があっても、安定した職にありつけるまでに出産適齢期を過ぎてしまえば、その機会を生かすことはできないからである。学部から大学院までを、受験浪人や留年、さらには「オーバードクター」を経ることなくストレートで終了しても、その時点で二七歳。多くの研究者はそこから任期付きのポストをいくつか経てから、ようやくテニュアを獲得することになる。そのときには三〇代半ばを超えていることが、今日では多くなっている。

大学教員にとっての人生設計をもう一つ難しくさせているのは、地理的な需給関係のアンバランスである。日本の大学において、多くの研究者を生み出す主要大学の多くは、東京大都市圏や京阪神大都市圏等に位置しており、大学院生やポスドク等を務めている時期にすでに結婚、出産を経験し、すでに育児を始めていれば、その生活基盤もこの地域にあるだろう。だからこそ、若手教員の公募人事を行えば、これらの地域における競争率はきわめて高くなる。逆にいえば、すでに結婚して家族を持つ研究者にとって、自らの生活基盤のない地域にある大学の公募に応募するのはハードルが高い。

しかしながら、大学のポスト、とりわけ自然科学系のポストは相対的に地方大学に多くなっている。なぜなら日本の大学教育において、設備費等の出資の負担が大きな自然科学系の教育は国立大学が中心となって行われてきた歴史があり、その国立大学は大都市圏にのみ集中するのではなく、全国に幅広く分布することになっているからである。だからこそ、結婚年齢が相対的に高い男性研究者とは異なり、女性研究者の多くは家族と離れることを嫌い、地方大学への応募を躊躇することとなる。

だから、同じく大学院の博士後期課程に進んだ研究者の中でも、テニュアを獲得し、大学教員として「生き残る」比率は男性より女性のほうが、少なくなる。こうしてみると、大学教員における女性比率の低さは、夫婦の働き場所が分かれた場合、男性の職が女性の職よりも優先されがちな我が国の慣行と並んで、今の大学における「ポスト難」が反映された結果である、といえるのかもしれない。そうして生まれる女性教員比率の低さは、大学教員の世界をして、いちじるしく「男性中心」のものとさせ、女性教員にとっての職場としての環境をさらに悪化させることになる。

†絶えないハラスメント問題

大学教員に関わるライフワークバランスと並ぶ問題の一つに、ハラスメントを巡る問題がある。ハラスメントには、学生と教員の間のもの以外に、教員同士の間のものや、教員と事務職員の間のものもある。

大学の現場でハラスメントに関わる問題が絶えないのは事実であり、この状況は改善されなければならないし、そのためのさまざまな措置も取られている。にもかかわらず教員によるハラスメントが絶えない背景には、構造的問題がある、と筆者は考えている。

大学教員は就職すると「先生」と呼ばれ、大学の内外で丁重に扱われる。しかし、このような状況はときに、教員をして自らが突如として「偉い人」になったかのように錯覚させる。大学の組織では、さまざまな決定権を持っているのは、事務方の職員よりも教員側であり、そのことも教員が自らの立場を勘違いする理由になる。

同じことは、学生との関係についても言うことができる。多くの大学にて教員は自らの担当する授業の成績評価において、絶対的な権限を有している。だからこそ、学生は教員の意向に逆らうことは難しいし、さまざまな思いを抱えていても、これを表面に出さずに抑えている。しかし、教員の中にはこの状況を、学生が自らの意に賛同しているものだと錯覚し、自らの意志を学生に押し付けていることに気づかない人が出る。ハラスメントの一つである、セクシャルハラスメント、つまりはセクハラにも、こうした教員側の「思い違い」が介在していることが多い。

加えて、教員には自らの立場を錯覚しやすい環境がもう一つ存在する。多くの大学教員は、大学院生時代から研究を続け、その成果に一定の評価を得たことで、その職を獲得している。だから彼らは、自らの成功は自らの努力と才能の結果であり、結果が出ない人は努力と才能が足りないからだ、と考えがちになる。典型的な「生存者バイアス」というやつだ。現実には、研究面での成功も多分に環境や偶然に左右されるものであり、当人の努力や才能によってのみ得られたものではないのだが、これに気づかないままでいると、さまざまな仕事で成果を出せない人たちを、怠惰で無能な人呼ばわりする大学教員が続出することになる。こうして大学教員が事務職員や学生、さらには自らより若い教員に対して、心無い言葉を投げかけ、傷つけるシーンが頻発する。

これらは大学教員が学生や事務職員に対して、自らが一定の「権力」を有していること、そしてその行使により、他人を容易に傷つけ得ることに無自覚であることに由来している。深く注意しなければならない、点である。

だからこそ、このようなハラスメントの処理も、各部局長の重要な仕事の一部になる。現在の大学では、多くの場合ハラスメントを担当する委員会が設けられ、その処理に当たっているが、その委員会に誰を配置するかを決めるのは、筆者のような部局長の仕事の一つになる。多くのハラスメントは、先に述べたように、教員等が有している「権力」と密接に関係しているので、被害者をその「権力」から守り、少しでも声を上げやすい環境を作るのも、重要である。

また、ハラスメントにかかわる問題は、単に被害者を守り、加害者を処罰すれば済むわけではない。ハラスメントの被害者である学生や教職員は、その後も大学における研究や仕事を続けることが多いから、彼らをとりまく人間関係をいかに修復し、復帰しやすい環境を作るかもきわめて大事である。破壊された人間関係が修復されず、殺伐とした人間関係だけが残されれば、学習や仕事の効率は上がらない。それでは部局のパフォーマンスは下がるばかりだ。

何よりも重要なのは、そもそもハラスメントが起こらないような職場を、作り上げることである。そのためには部局で誰もがハラスメント以前の段階から自らの抱える問題を相談しやすい、風通しの良い環境を作り上げる必要がある。なので、筆者はできるだけ多くの学生や教職員に声をかけ、さまざまな情報を集めることにしている。

大学教員はただでさえ、若い頃から「先生」と呼ばれて勘違いしやすい仕事であるのみならず、ずっと学生と接しているせいか、自らが若いときと同じように彼らも対してくれると錯覚しがちである。しかし現実には、学生や事務職員は大学教員の機嫌を損ねないように、ときに大きな配慮を払っている。だから、「大学教授の仕事」は、気が付けば「裸の王様」になりやすい仕事であり、ましてや部局の長である部局長や、本部の役職者になればそうである。だからこそ我々は積極的に研究科長室や役員室を出て、事前に状況を把握し、誰もが相談に来やすい環境を作る必要がある。「事件は現場で起こっている」以上、現場から乖離していては、問題の解決など不可能だ。

大学教員の多くは、裁量労働制の下にあり、その教員としての「権力」はキャンパスにいる間のみに留まらない。自由な裁量と引き換えに高い倫理と責任感が求められていることを自覚しなければならないのだろう。

コラム　大学教員とご飯

大学教員は毎日どんな生活をしているのだろうか。こんな疑問の中には、大学教員は毎日何を食べているのか、なんていうことも含まれるかもしれない。

結論からいえば、二〇万人以上もいる大学教員が等しく同じ食習慣を有しているはずはない。中には職よりも食に命を懸けているのではないか、というくらいグルメな教員もいれば、筆者のようにまったく食に無頓着で、つい最近までは、朝食も昼食もコンビニのおにぎり、個人的な事情でダイエットを開始した昨年の夏からは、朝はプロテインヨーグルトで、昼もプロテイン、という教員もいるくらいである。ちなみにおにぎりを食べていた頃は、「ツナマヨ」を好んで食べていた。安くてカロリー多めだからである。

大学教員の食生活、特に大学内でのそれについての、一つの分かれ目は、研究室で食べるか、学食等の食堂で食べるか、であろう。大学教員の多くは自らの研究室を有しているので、お弁当を作って来たり、コンビニ等で何かを買って来たりすれば、研究室で食事をすることができる。静かに、そして速やかに食事をしてすぐに仕事へと戻りたい類の人々はこちらである。

他方、食堂で食事をする人たちの多くは、親しい教員や職員、さらには学生たちを引き連れて、テーブルを囲んで食事をする。こちらの中には、さらに二つの派閥があり、好んで学生用食堂を使うグループと、大学によっては設置されている「教職員専用食堂」を使うグループに分かれる。とはいえ、「教職員専用食堂」といってもさまざまであり、筆者の勤務先のように、「ワンコイン・ランチ」を売りにしているところもあれば、東京大学駒場キャンパスのように優雅なフランス料理を昼間から賞味することができるところもある。大学の近くに食堂があれば、キャンパスの外で食事をとるところもあるだろうが、筆者の勤務先は六甲山の中腹にあるので、いったん坂を下りてしまえば、登るのが億劫であり、わざわざ駅前まで食事に行く人は多くない。

大学教員とご飯、というお題において、もっとも特徴的なのは、他の業界の人々と比べて過去に留学を経験した人が多い、ということかもしれない。だから、彼らは自らが留学したことのある国の料理には、やたらとくわしく、ときに延々と蘊蓄《うんちく》を聞かされることになる。筆者のようなしがない朝鮮半島研究者は、ワインの神髄を極めたかのように語るフランス留学組の同僚の前で、「真露のほうが旨いだろ」と聞こえないように呟きながら、安物の韓国焼酎を呷《あお》ることになる。

出張先の韓国で
ご飯を買った帰りに
出くわしたデモを
見てたら
スパイ容疑を
かけられて
警察に
連れて行かれ
ニュースにも
なった時の
ご飯は
こちらに
なります
左から豚足……
Beer

第四章　学会でのお仕事

†学会とは何か

さて、ここまで「社会貢献」を含む、大学教員の「大学での」仕事について書いてきた。しかし、大学教員には「社会貢献」のそれとも異なる「大学の外での」仕事もある。その代表的なものの一つが、学会での活動である。

例外的な場合を除いて、大学教員は同時に研究者でもあるので、研究分野に関わる「学会」に属している。ついでに国語辞典的な整理をしておけば、「学会」とは研究者が作る具体的な団体のことであり、他方、「学界」とは抽象的な研究者の社会のことである。「どちらも同じじゃないか」と思う人がいるかもしれないが、さにあらず。研究者の中には「学界」の有力者であっても「学会」に所属していない人もいれば、一つの「学界」に複数の「学会」が存在することも多いからである。

この点について筆者の例から説明してみよう。筆者はマスメディア等で自らの肩書を出す際には、自らの専門分野を「比較政治学」あるいは「朝鮮半島地域研究」と記している。先の例であれば、この「比較政治学」とか「朝鮮半島地域研究」という研究分野の研究者の社会が筆者にとっての「学界」であるといえばわかりやすい。とはいえ、これではときに細かすぎるので、より大きく「政治学」あるいは「地域研究」という形で「学界」を切り分けることもできる。そう、「学界」とは抽象的なものなので、概念を変えればどのようにも整理できるものなのだ。だからこそ、研究分野ではなく、国家を基準にして「日本の学界」などという形で使われることもある。

他方、筆者は現在、日本国際政治学会、現代韓国朝鮮学会、東アジア近代史学会、そして、Association for Asian Studies と International Studies Association という学会の会員になっている。日本語で書かれている学会は日本に本拠を置く学会、他方、英語になっているのはアメリカに本拠を置く「国際学会」である。もっとも厳密にはこの世界には「国内学会」と「国際学会」の二つがあるのではない。「国際学会」と呼ばれるものの多くは、どこかの国に本拠を置く学会が海外からも多数の会員を集めて、「国際化」したものである。だから、ここで国内学会と分類した学会にも、海外に居住する会員は存在するし、彼らもまたこれらの学会で発表や論文の投稿も行っている。

筆者の例からもう一つわかるのは、研究者は複数の学会に同時に所属できる、ということかもしれない。ちなみに筆者は若い頃には、これに加えて、日本政治学会、比較政治学会、朝鮮文化研究会、朝鮮史研究会、政治経済史学会、中四国政治学会、American Political Science Association 等、一〇を超える学会に加入していた時期があった。学会の会費は国内学会が年五〇〇〇円から一万五〇〇〇円程度、国際学会は三万円以上にもなるので、多くの学会に参加すれば学会費の負担もなかなか馬鹿にならないし、そもそも物理的にこれほど多くの学会の大会に参加することもできない。だから途中で大幅に整理したのである。

さて、それでは我々が会員になっている「学会」とは、どのような存在なのだろうか。この点についてまず述べなければならないのは、一口に「学会」といってもその規模や在り方は実にさまざまだということだ。たとえば、自然科学の分野には日本医学会や土木学会といった、巨大学会が存在する。このうち日本医学会は一三〇以上にも及ぶ医学系学会の連合組織であり、一般社団法人日本医学会連合という法人格を有している。対して、土木学会はそれ自身が公益社団法人であり、下部学会の連合組織ではなく、直接会員を組織する形になっている。個人会員数は三万九〇〇〇人を超えるといわれている。

他方、一般に人文社会科学系の学会はこれよりかなり小規模になる。たとえば、筆者の専門とする政治学における学会では、日本政治学会の会員数が二〇二三年一〇月現在で一八四六名、日本国際政治学会が二〇二一年現在で一九八九人となっている。このうち日本国際政治学会は自然科学系の学会と同じく法人格を有しているが(一般財団法人)、日本政治学会は法人格を有していないので、法律的には「任意団体」の扱いになる。地域研究に関わる学会では、アジア政経学会が一般財団法人として法人格を持ち、一〇〇〇名を超える会員数を有しているのが目立つ程度である。

しかしこれらはそれぞれの「学界」における中心的な「学会」であり、それ以外の学会の規模はそれよりもさらに小さくなる。筆者が所属している学会であれば、社会科学系の朝鮮半島地域研究の学会である現代韓国朝鮮学会の会員数は数百名、東アジア近代史学会は二〇二三年現在で二五七名、いずれも法人格を有さない任意団体になっている。「学会」を名乗る団体の中にはこれよりも小さなものも数多くあり、これらを見ると多くの人は「そもそも学会とは何なのか」と思うことになるだろう。厳密な定義はない、というのが正確なところであり、事実、適当な人数の研究者が集まって「学会」を名乗れば、学会はいくらでも作ることができる。だから、実際に大学教員の世界では、従前の学会に飽き足らず、自分自身で学会を立ち上げる人もいる。そしてそのような学会は法律的には任意団体でしかないので、設立のために何かしらの法的な手続きが必要なわけではない。

とはいえ、実際には毎年最低限一回の年次大会を行い、報告者を募り、学会誌を発行するには、一定の会員数が必要だし、実態のない団体の名前を「所属学会」として履歴書に書かれても困る。なので、一定の基準が必要になる。

そんなときに使われるのが、「学術研究団体」として日本学術会議に登録されているか否かである。学術会議のホームページによれば、その基準は次のようなものである。

---

1. 学術研究の向上発達を主たる目的として、その達成のための学術研究活動を行っていること
2. 活動が研究者自身の運営により行われていること
3. 構成員（個人会員）が100人以上であり、かつ研究者の割合が半数以上であること
4. 学術研究（論文等）を掲載する機関誌を年1回継続して発行（電子発行を含む。）していること

ちなみに同じホームページには学会の構成員として想定される「研究者」についても、

その定義が示されている。こちらも興味深いので紹介しておけば、次のようになる。

1. 大学、高等専門学校、大学共同利用機関等において研究に従事する者
2. 国立試験研究機関、特殊法人、独立行政法人等において研究に従事する者
3. 地方公共団体の試験研究機関等において研究に従事する者
4. 公益財団法人、公益社団法人、一般財団法人、一般社団法人等において研究に従事する者
5. 民間企業において研究に従事する者
6. その他、当該研究分野について、学術論文、学術図書、研究成果による特許等の研究業績を有する者

さて、こうした研究者から構成される団体が、所定の書式を提出し、条件を満たしている、と学術会議が認めれば、「学会」として登録されることになる。二〇二一年の段階で二〇五一の団体が登録されており、この基準によれば日本国内だけでそれだけの数の条件を満たす学会があることになる。それはすなわち、日本だけでもこの学会の数と同じだけ、学会の理事長や会長がおり、またそこに地位を占める理事や役員がいる、ということだ。

さまざまな学会における「ｘｘ委員」と名のついた役職はさらに多くあり、多くの大学教員は何らかの学会の何らかの役職についている。だから大学教員の世界では、学会の会長や理事、委員だからといって「偉い先生」であるわけではないのである。

†なぜ学会に入るのか

「学会」とはこのように多様なものであり、何万人もの会員を抱える巨大学会と、数百人しか会員のいない学会の在り方が同じであるはずがない。なので、本書の他の個所同様、以下もあくまで筆者が会員である、あるいはかつて会員であった学会での話にすぎないことに注意していただきたい。

さて、ここで問題になるのは、そもそも大学教員はなぜ学会に入るのか、である。すでに述べたように学会は、学術会議に登録されているだけでも、二〇〇〇以上も存在するから、仮に一つの学会の会員数が平均一〇〇〇名としても、延べ二〇〇〇万人以上の学会員がいることになる。これは、大学教員の中には筆者のように、複数の学会の会員になっている人も多いし、実務家やジャーナリストのように大学教員ではない学会員も多いからだ。だから、学会の会員になったり、その役職を務めたりするのは、大学の教員にとってありふれたことであり、それにより何かの名誉等が得られるからではない。

では、ふたたび大学教員はなぜ学会に参加するのか。その第一の答えは簡単、そこに報告の場があるからである。学界における報告の場は大きく分けて二つ。一つは学会の年次大会や研究会での口頭での報告である。とはいえ学会によっては報告に際して論文の提出を求められこともあるので、単に口頭で喋ればよいというのものではない。もう一つは、学会誌での論文掲載。その形式にも大きく分けて二つあり、一つは自分の意志での投稿、もう一つは学会誌の編集委員会等からの依頼による執筆である。今日では前者の場合はもちろん、後者の場合にも、論文の信憑性や価値を判断する「査読」が行われることが普通である。

大学の教員がこうした学会の場で口頭発表や論文公表を行うのは、自らの研究の成果を公に問い、その評価を得るためである。どんなに良い研究を行い、貴重な知識を得ても、その知識が公開され、他人に評価され、利用されなければ、その研究成果は「存在しないのと同じ」だからである。だから、大学教員は研究の成果がある程度出ると、まずは学会でこれを口頭で発表する。その成果は多くの人に知ってもらえるほうがよいし、そのほうが多くの人からの評価を得ることができる。だから、できるなら報告は大きくて有名な学会で行いたいし、日本だけでなく世界の多くの人に知ってもらいたい。

ちなみに、口頭での学会報告と、学会誌での論文公表にも大きな違いがあり、圧倒的に重要なのは後者である。ほとんどの場合、前者は研究成果の中間報告であり、最終的な論文を書く前に他人の評価を確認し、問題点を探し、より良い論文として完成させるためのアイデアを探る場である。学会での報告に先立っては、事前の審査が行われるのが通常であるが、論文の査読と比べれば緩やかなものである。ゆえに、ときに世界的に著名な国際学会においても、「これは本当に大丈夫なのか」と思わせるような、危うい報告が行われることもある。中間報告で貴重な研究成果を盗まれ、誰かに先に論文を書かれては困るので、詳細なデータや調査方法等については、敢えて詳細を伏せて報告する、ということも行われている。

だから、学会で口頭報告を行うこと自体は、それがどんなに大きくて著名な国際学会においてであっても、それ自身が「すごいこと」であるわけではない。重要なのは、口頭報告の場を上手く生かして、近い将来の論文公表へと繋げることである。だからふたたび、今の大学教員の仕事では、論文にならなかった研究は「存在しなかったのと同じ」である。大学教員の研究者としての評価は、あくまで最終的な論文により得られるものであり、口頭報告の実績は「参考程度」でしかないのである。

†学会は営業とリクルートの場

では、口頭発表や論文公表を行うことだけが、学会に入る目的か、ということになれば、必ずしもそうではない。学会の大会や雑誌上ではさまざまな研究報告が行われるから、それを聞いたり読んだりして、研究に関わる知見を広めることも大きな目的の一つである。さまざまな研究の存在を知ることにより、学界の動向を探り、新たな研究手法について学び、また、最新の調査やデータ処理の方法について情報を得るのである。

そしてその学びは、何も学会報告の会場や学会誌上の議論だけで行われるわけではない。たとえば学会の年次大会には、同じ研究分野の人々が報告を行い、あるいは、これを聞くために集まってくるから、その機会を利用してさまざまな情報収集をすることができる。だから学会の年次大会の会場では、報告が行われる教室や会場の外で、多くの小さな会合が行われている。報告を行った研究者に直接アプローチして、その研究内容についてさらに細かく質問したり、自らが主宰する研究プロジェクトや研究会に参加してくれるように声を掛けたりもする。

すでに述べたように、学会は自分の大学の教員候補として考える研究者の人柄や研究能力を探る場にもなる。「あいつはなかなか良いぞ」となれば、その人は就職に大きく近づくし、「聞いていたのと違うじゃないか」ということになれば、候補者リストから脱落する。若手の研究者にとっては、自らの所属先以外の大学の教員に、名前や研究内容を知ってもらえる貴重な場であり、就職活動の場としても機能している。そういう意味では、学会は「研究者の見本市」であり、「集団就職面接会場」としての性格をも有している。

だから、多くの学会では懇親会やパーティーの場も設けられる。参加費は有料なので、若い研究者にとってはときに痛い出費であるが、そこでいかに多くの人と出会い、評価を得るかは、とても重要になる。研究にせよ、教育にせよ、行政事務にせよ、共に一緒に仕事をしていくためには、「一緒に仕事がしやすいかどうか」は重要であり、そのためには雇おうとしている人がどんな人かを知っていることは、とても大事だからである。

ちなみに、大きな国際学会では、世界中から何千人もの研究者が一堂に集うことになるから、学会誌や書籍でしか名前を知らない著名な研究者に会うこともできる。多くの研究者には、自らが尊敬し憧れる有名研究者がいるから、その出会いの場はときに、憧れのミュージシャンに出会えた、音楽ファンのような感じになる。逆に、小さな学会の懇親会場であっても、「先生に一度お会いしたかったんです」と言われて悪い気のする人はいない。こうして人間関係を作って、共同研究に入れてもらい、自らの研究の機会の場を広げていく。まさに「営業」である。

研究者だから、研究室で黙々と研究だけしていればよいに違いない、もし、そう思っている人がいるなら、それは大きな間違いだ。自らの研究を学界に、そして社会に売り込んでいくのは、研究者自身の仕事である。そうしなければ、研究の機会も広がらないし、研究その他のための資金を取ることはできない。だから、社交性は重要だし、ときには遠くの学会まで足を運ぶフットワークの軽さも必要だ。自らと自らの研究を売り込む、営業の場。それこそが大学教員にとっての学会、なのである。

†学会の会員になる

では、学会の会員にはどうやってなるのだろうか。結論からいうなら、学会の会員になるのは決して難しいことではない。たとえば、筆者が会員になっている、Association for Asian Studies や、International Studies Association、さらにはかつて会員であったAmerican Political Science Association は、それぞれアジア研究と国際関係、さらには政治学において、おそらく世界でもっとも影響力のある国際学会である。それではこれらの学会の会員であった筆者は「偉い研究者」なのか。その答えは、もちろんNOである。これらの学会の会員になるのは簡単。それぞれの学会のホームページから、自分の名前や所属先を打ち込んでから、クレジットカードを握りしめ、所定の会費を払えばいいだけだからである。つまり、そこにはいかなる審査も存在せず、必要なのは会費だけ、なのである。博士号はもちろん、論文や著作も、そしてその学会に加入している誰かの紹介状も必要ない。

他方、筆者の関わる学界においては、日本の学会は少しだけ敷居が高い。なぜなら、多くの日本の学会は会員になるためには、学会員からの「推薦」を必要としているからである。必要な推薦者数は一名から数名程度。あとはホームページやそこにリンクが張られている所定の用紙に自らの所属先や連絡先、さらには先の推薦者のサインや印鑑をもらって送り、銀行や郵便局にある学会の口座に所定の会費を振り込んだり、ネット上でクレジットカードを利用して払い込んだりすればいいだけである。送られた書類は、学会の理事会にかけられて審査されるが、筆者が大学教員生活を送って来た三〇年以上の間において、書類不備と会費未納入以外の理由で、審査ではねられた人は見たことがない。

そしてそれは当たり前だ。これらの学会の入会審査は、入会申請用紙に記載された情報だけで行われるものであり、入会申請者の履歴書も論文も必要ではないからだ。だから、入会申請者の学術的な能力は測りようがないし、ましてやその人柄等は知る由もない。入会申請をはねたくても、はねるための材料すらない、というわけである。

なので日本においても学会に入ることは、その学会に知り合いさえいれば難しいことではない。さらにいえば、近年の日本の大学では、少子化と予算難により、研究者数の減少が進んでいるから、多くの学会は会員数の減少に苦しんでいる。会員数の減少は、そのまま会費収入の減少を意味するので、学会としては大きな問題であり、ときに存続の危機に陥る。そもそも、先に述べたように、学会で口頭報告を行ったり、学会誌に論文を公表したりする際には別途審査が存在するから、どんな人が会員になろうとも、それにより直ちに口頭報告や掲載論文の質が落ちるわけではない。だからこそ、多くの学会は、より多くの人々に広く門戸を開くことになる。

だから、少なくとも筆者の関わる業界においては「学会の会員になる」というのは、学会での活動における第一歩にすぎず、それ自身に何かしら特別の意味があるわけではない。にもかかわらず、ときに大学教員が自らの所属学会の名前を履歴書に記したりするのは、それが自らの専門分野を示す、わかりやすい方法だからにすぎない。

†会員を辞める

学会の会員になるのは難しいことではないし、それ自身に特別の意味があるわけではない。だから同様に「学会を辞める」という行為にも特段の意味があるわけではない。たとえば、先ほど挙げたようなアメリカに拠点を置く巨大国際学会は、会費を払うだけで入会できることの裏返しとして、会費を払わなければ自動的に退会になる。しがない地方国立大学の教員である筆者の場合、自らが口頭報告や論文投稿を行う年にだけ学会費を払って加入する、という行為を繰り返しているから、理屈上、同じ学会に何度も入会し、退会していることになる。別にそれで怒られることはないし、次の報告のときに入会に支障が出ることもない。

他方、日本の学会はもう少し面倒くさく、学会費を払わなくても直ちに退会にはならないことが多い。理由は簡単、多くの会費を集めるために、できるだけ多くの会員数を確保しておきたいからである。だから、会費の納入を怠っていると、会員には学会に対する「借金」が膨らみつづけることになる。たとえば、年八〇〇〇円の学会費の納入を忘れたまま二年ぶりに学会に顔を出すと、滞納していた分を含めて二年分、一万六〇〇〇円の学会費を大会の受付で要求されることがある。とはいえ、このシステムでは、仮に誰かが会費を滞納したまま放置した状態で、何十年かすると、その研究者の学会に対する負債金額がとんでもないことになるのみならず、学会側も帳簿上に未徴収分の金額が膨らみつづけて面倒なことになる。だから、多くの学会では三年程度学会費を滞納すると、その債権だけを残して強制退会させるルールを定めている。後日学会に再加入しようと思ったときには、新たな学会費を過去に滞納していた学会費とあわせて支払えばよい、という仕組みである。

しかし、三年分とはいえ、学会費をまとめて払うのは大変なので、普通は学会を辞めるときには「退会届」を出して辞めることになる。学会によってはこの手続きはメール一本で良く、だから学会員になるとき以上に、学会員を辞めるのは簡単である。実際、筆者はとある学会当日に他の会員と口論になり、酔った勢いで退会の意志をメールで表明し、そのままその学会を辞めたことすらある。ちなみに今日、多くの学会は、規約上、強制退会の制度を持っており、ハラスメント等防止のための倫理規定をも有している。とはいえ、これらの制度が適用されるためには相応の理由が必要であり、ゆえに長期の会費滞納以外の理由で学会を強制退会させられるのは、よほどの場合である。事実、筆者は自らが参加する学会で、この措置が取られて退会になった事例を見たことがない。

ましてや、誰かと仲が悪かったり、どこかの「大物」の研究者と学問上の論争を行ったりしたからといって「学会を追放」されることは、まずあり得ない。そもそもそんな理由で誰かを学会から放逐しようとすれば、その行為自身がハラスメントに当たってしまうから、できるはずがない。

なので、漫画やアニメに出てくる、「学会を追放された博士」というのは、会費滞納以外の理由ではほぼ存在しない。そもそも大学教員の世界には、日本国内だけでも何千、国際的な学会を入れればほぼ無数に学会が存在するから、どこか特定の学会を「追放」されたからといって、研究発表や報告の場がなくなるわけではない。

ちなみに筆者の場合にも、先に述べたように他の会員との人間関係を壊して、嫌気を覚えた挙句に、学会を辞めたことがあるのだが、それにより研究活動に支障が出ているわけではない。学会が研究のための「営業」の場であるなら、「営業」が上手くいかなければ、他の場所へと「営業」の場を移せばよいからである。良い研究をして、その成果を問いつづけていれば、そのうちどこかの学会の誰かが我々の研究成果を「買って」くれる。それが世の中にたくさん学会があり、切磋琢磨することの意味でもあるのだ。

†学会を運営する

さて、ここまでは学会に入って活動し、あるいは辞めるときの話である。一方で、大学に「行政事務」という運営業務があるように、学会も組織である以上、それを運営している人々が存在する。そしてその仕事の大半を行っているのは、これまた大学教員である。つまり、大学教員にとって、学会は「もう一つの仕事の場」なのである。

それでは学会の運営はどのようになされているのだろうか。ここでは、単に会員になるだけではわからない、学会の「奥の院」の状況についても紹介してみよう。

とはいえ、ここでふたたび断わらないといけないことがある。それは、一言で学会の運営といっても、土木学会や日本医学会のような巨大学会と、筆者が所属するような零細中小学会では、その在り方がまったく異なることである。たとえば、土木学会には「常勤の理事及び監事に対する報酬の支給の基準に関する規程」があり、「常勤の役員」に報酬と退職金（！）が支払われることが定められている。期末特別手当、つまりボーナスもちゃんとあり、給与等の金額は国家公務員に準拠するものとなっている。土木学会は公益法人であり、それ自身が「職場」として機能していることがよくわかる。

だが、これらはあくまで、研究者以外の人をも多く会員とする自然科学系の巨大学会の話であり、筆者が日本国内で加入している人文社会科学系の零細学会の状況は、これとはまったく異なっている。たとえば、筆者はこの文章を書いている段階で、現代韓国朝鮮学会という、朝鮮半島の地域研究に関わる学会の会長と、東アジア近代史学会という歴史系の学会の理事を務めているが、当然のことながら、これによる報酬は一銭ももらってはいない。もちろん、これは清廉潔白な人柄である筆者が報酬を辞退したから、ではなく、そもそもこれらの学会にはそんな報酬もそれに関わる規定も存在しないからである。

会長に報酬が存在しないのだから、理事やその他の役職に金銭的な見返りが存在するはずもなく、これらの学会の役員は全て無報酬である。しかし、学会を運営するためには、理事会を開いて議論を行い、年次大会や研究会を開かねばならず、それなりの役職に就けば、「お金がもらえないから」という理由で欠席することはできない。これらの研究会や会合は必ずしも、自分が勤務する大学で行われるわけではないから、出席のためには一定の交通費や宿泊費も必要であり、筆者のように地方の大学に勤務していると、その金額は無視できないものになる。そのためになけなしの研究費を投入するか、単純にポケットマネーから支払うことになる。

だから、今日多くの学会では、大学の部局長等同様、学会の会長や役員をやりたい、という人はあまり存在しない。その意味では、大学の小さな部局の長と零細学会の長を同時に兼務している筆者は、かなり奇特な存在であり、自分の「仕事を断る能力」の低さを恨みたくなるくらいである。

†学会長はこうして選ばれる

それでは、この学会を運営する人々はどのように選ばれるのだろうか。これまた実に学会によりさまざまである。筆者のかかわるかぎりにおいて、多くの日本の学会において採用されているのは、まず会員による選挙で理事が選出され、その理事たちがさらに選挙を行って学会の会長を選ぶ、という「議院内閣制」的なシステムである。これに対して、理事のみならず、学会の会長をも会員が直接選ぶ「大統領制」的な方法を取っている学会もあれば、小さな学会では現行の理事会が次の理事会の候補者リストを作って、年次大会等の場で行われる学会の総会に直接かける、というかつてのソ連や現在の中国における「民主集中制」に近いシステムを採用しているところもある。国家の政治体制の違いの背景に、その国家の歴史の違いがあるのと同じく、おのおのの学会がどうしてこれらの役員選出システムを採用しているのかには、それなりの背景が存在するにちがいない。誰か研究して論文を書いてみても面白いトピックかもしれない。

こうして選ばれた理事たちは、理事会を開いて、学会における職務分担を決める。学会の基本的な機能は、年次大会の開催と学会誌の発行であり、それらを担当する企画委員長と編集委員長（名称は学会により異なる）が重要ポストである。運営のためには学会費等の資金の管理が必要であるから、予算・決算委員長とこれをチェックする監事が置かれるのも通常だろう。監事には理事会を監視する役割もあるから、理事以外の会員から任命される。これ以外に学会の仕事には、会長や理事の選挙、入退会などの会員管理、会員名簿作成、学術会議等外部団体との交渉、さらにはホームページの管理やメーリングリストでの連絡を担当する広報等があり、それぞれ必要に応じて担当する委員長が決められる。また、学会の会長の下には、総務担当理事が選任され、これらの仕事を統括・補佐することが多いだろう。

理事会において選任された委員長は、会員の中からメンバーを選んで、委員会を構成し、おのおのの職務を遂行する。多くの中小学会は恒常的な事務所を有していないので、学会の事務局は会長もしくは総務担当理事が所属する大学の研究室に置かれることになる。ついでに書いておけば、学会が法人格を有していない場合には、学会名での銀行口座を作るのも一苦労なので、歴代の会長や予算・決算委員長が個人名で銀行口座を開いて管理する等の事態も発生する。学会といえば大層だが、その運営の実態は学生サークルや町内会のそれと変わりないことがわかる。

しかし、それでは連絡先が安定せず会員が混乱するし、何よりも学会誌の編集や印刷までその分野の非専門家である大学教員が行うのはあまりに効率が悪い。だから最近は中小の学会でも学会業務の一部を外部委託することが多くなっている。世の中には多くの「学会業務委託業者」なるものが存在し、これらの業者に学会誌の編集や印刷、名簿管理等を委託するのである。現代韓国朝鮮学会の場合、京都に本社を置く「中西印刷株式会社」に一部業務を代行してもらっている。この場を借りて厚く御礼申し上げたい。

こうして行われる理事会や各種委員会の活動は、学会の年次大会の機会を利用して開かれる「総会」にて報告され、承認を受ける。「総会」は会員全てによって構成される、学会の「国会」に当たる組織であるが、多くの会員が参加するこの会議で、何かしらを実際的に議論することは難しく、多くの場合、理事会から提出される議案がそのまま承認される。とはいえ、ただでさえ面倒くさい人間には事欠かない大学教員が多数集まる学会であるから、ときに予期せぬ発言が飛び出し、その場合には「荒れる株主総会」ならぬ「荒れる学会総会」という修羅場が出現する。学会の事務局を担当する人間としては避けたい場面である。

†年次大会や研究会の開催

すでに述べたように、学会の運営においてもっとも重要なのは、口頭報告が行われる年次大会や研究会の開催と、学会誌の発行の二つ。であれば、それらはどのように行われるのだろうか。

年次大会や研究会の開催においては、まずは開催校や会場を決め、他の学会の動向をも勘案して開催日時を決める。会場を現場で管理する必要があるので、企画委員長に加えて、開催校もしくは会場の近くにある大学教員が会場担当者として選ばれる。受け付けや会場でのプロジェクターやマイクを管理する人手がいるので、担当者は学部と大学院の別を問わず、多くの学生を教えている教員が望ましい。ちなみに筆者が学生であった当時は、これらの学生はボランティア、つまりは無報酬で働かされていたのだが、現在ではそんなことをするとハラスメントになるので、一定のアルバイト料を払っている。

他方、企画委員長は看板企画を作り、広報担当者にアナウンスを頼み、報告者を募って、プログラムを決める。報告者が多く集まれば、それを絞り込むために審査を行わなければならないし、逆に集まりが悪ければ学会存続の危機になる。当日の人の集まりも重要であり、参加者が少なければ企画の内容が問われたりするし、懇親会も赤字になる。なので、企画委員長はなかなか大変である。

†学会誌編集

こうしてその成果が「目に見える形」で問われる年次大会や研究会の企画に対して、その働きが一見わかりにくいが、それ以上に重要なのが学会誌の編集である。すでに述べたように、研究者にとってもっとも重要なのは、研究成果が公表され、相応の評価を受けることである。そのためには論文を学会誌に投稿して、査読を通過して掲載される必要がある。だから、学会の編集委員の仕事は逆にこれを審査して、どの論文を掲載するかを決めるものになる。その手順はおおむね次のようなものである。

学会誌の発行においてはまずその概要を決める。特集を設定して、特定の専門分野の研究者に原稿を依頼する場合もあれば、全ての原稿を公募で集める方法もある。中間的な形態としては、特集の表題だけ決めて、論文は公募で集めることもできる。学会誌の発行時期は凡そ決まっているので、投稿期限も定めなければならない。論文が集まると今度は査読を行う。編集委員が協議して適切な査読者を決め、依頼を行う。査読者は学会の会員に限られているわけではなく、必要に応じて、非会員の専門家に依頼することもある。さらにいえば、査読者は論文が書かれている言語がわかる専門家であればよいので、依頼が国境を跨ぐことも少なくない。

ちなみにこうした論文の査読を行うのは、必ずしもその学会において功なり名を遂げた「重鎮」等とは限らない。今日の学会において査読はある種の「義務」(ただし断れないわけではない)であり、ゆえに、ときに文字通り世界各地から、自分の専門に近い論文の査読依頼が寄せられることになる。筆者のようなしがない極東の地方国立大学の教員でも、自分が一度も論文が掲載されたことのない、世界の超有力誌からの査読依頼が寄せられ、複雑な思いに駆られることも少なくない。韓国語も一応読めるので、韓国語で書かれた論文の査読をすることもある。こうした査読を引き受けるのも、広い意味での「学会での仕事」の一部である。

†査読のあんばい

査読には通常基準があり、査読者はその基準に従って評価を下す。とはいえ難しいのは、そのあんばいである。たとえば、筆者の関連する業界であれば、American Political Science Reviewや、Journal of Asian Studiesといったトップジャーナルには、世界中から論文が投稿されるから必然的にそれらの評価基準は厳しくなる。研究者であれば誰しもその研究成果を世界のトップジャーナルで公表したいからである。対して、日本国内の中小学会の学術雑誌には、これらと比べればはるかに少ない数の論文しか投稿されないし、投稿される論文の学術的水準も相対的に低い。

もちろん、内容が間違っていたり、不正があったりする論文は掲載できないし、掲載の際には、査読者のコメントを入れて修正されることも必要である。しかし査読者が気合を入れすぎて、世界のトップジャーナルと同じ基準で査読を行えば、それより下位の学術雑誌に掲載される論文はなくなってしまう。学術雑誌において、ときに公募を行ったにもかかわらず、公募論文が一本も掲載されておらず、編集委員会の依頼した特集論文しか掲載されていない、というケースが存在するが、これはこうした査読におけるハードルの高さの基準を誤った場合に起こる現象である。学会誌としての使命を放棄したも同然の状況であり、編集委員会としては絶対に避けないといけない。

†査読とハラスメント

そして、この編集委員会における査読内容の調整、管理には今日、もう一つ役割が課せられている。それは、査読の場におけるハラスメントの防止である。年次大会や研究会、さらには学会誌の査読の過程で、学会ではさまざまな議論が行われる。しかしながら、たとえば年次大会や研究会といった場では、報告を行った研究者のみならず、これに対して質問し、挑戦する研究者も同時に他の学会参加者に「見られている」。なので、あからさまな個人攻撃や誹謗中傷を行うことは難しい。

だが、多くの学術雑誌における査読は、その公平性を期するために匿名で行われるのが原則になっている。これは査読を行った側が、著者の側から反発を受けて委縮することを防ぐための措置なのだが、ときにこの「誰が査読をしているのかがわからない」状況が査読者による、論文投稿者に対する過度な攻撃を生み出すことがある。典型的な事例は、論文の内容に対する批判が、そのまま論文投稿者の人格への攻撃にエスカレートするものである。たとえば、「この論文はXという重要な先行研究を参照していない」と書くのはもちろん、公正な査読である。しかしながら、これを「Xを参照していないのは、著者の知的誠実さを疑う」と書けば後半部は明らかな人格攻撃になってしまう（ちなみにこれは筆者の実際の経験である）。なぜなら、論文の評価は論文の内容のみにおいて行われるべきであり、著者の人格や人となりとは切り離さなければならないからである。

現象としては、今日大きな問題となっている、匿名性の高いSNSにおける他人への誹謗中傷の激化と同じものであるが、それが学術研究の場である、学会誌の査読において行われるのは、学会としては絶対に防がなければならない。だからこそ、今日多くの学会では、編集委員会には査読者のコメントを修正する権利が与えられている。それは逆にいえば、査読コメントに抗議したい投稿者がいれば、それを処理するのも編集委員会だということになる。だから、もしこの文章を読んでいる若い研究者の中で、ハラスメント紛いの査読コメントで悩んでいる人がいれば、その学会の編集委員会に相談してみればいいと思う。

すでに述べたように、最近の学会ではこういう事態を防ぐためにハラスメント防止の規定を置いていることも多い。こうした規定はいわゆるアカデミック・ハラスメントを防止するためだけでなく、ジェンダー間の問題を防止する役割をも持っており、学会の中には各種委員会の構成においてできるだけジェンダー間のバランスを取るように努めているところも多い。

重要なのは、学会誌の編集や論文の査読は、単に学会誌やその水準を維持するためだけでなく、関連する研究の世界を底上げし、新たな研究や研究者に機会を与え、育て上げる場でもある、ということである。大きな国際学会の有力雑誌の査読をすればすぐにわかるように、優れた査読者は単に論文の問題点を指摘するのみならず、その問題点をどうすれば克服できるのかについて、投稿者に的確なアドバイスを行っている。それにより投稿者にもう一度、自らの研究を顧みる機会を与え、より良い論文を投稿してもらうのである。そうすれば、自分が属する学界の研究レベルも上がるし、より良い論文が投稿されれば学術雑誌の評価も上がる。自分が査読でリジェクト（却下）した論文が、自分のコメントをも踏まえた上で書き直されて、再投稿されてめでたく掲載され、高い評価を獲得する。だとすれば、厳しい査読コメントを返した甲斐があった、というものである。

「学会」の世界はこうした多くの研究者の無償の協力関係により成り立っている。それもまたきわめて重要な「大学教授のお仕事」なのである。

コラム　大学教員と専門分野

大学教員に関わる映画やドラマでの定番のシーン。それは、新たなる教授の採用や昇進を巡って、教授たちが激しく議論し、批判し合う場面である。そして、実際、大学教員たちは教授会その他の場所で、収拾さえ難しいような対立劇を展開することがある。部局長にとっては、頭を通りすぎて胃が痛くなる瞬間である。

それでは、大学教員はなぜときに激しく戦うのだろうか。もちろん、一つの理由は予算削減が続く今日の大学で、自らの研究・教育分野に近いポストを確保するためだ。ポストが確保できなければ、自らの教え子や母校の後輩を就職させることができず、教員がいなくなれば彼らが教えてきた専門分野がその大学から消滅してしまうことにすらなりかねない。だからこそ、ポスト争いは人と人の争いである以上に、異なる専門分野間の争いなのである。

しかし、どうして大学教員にとって自らの専門分野はそんなに重要なのだろうか。結論からいえば、それは彼らが自らの専門分野には、大きな社会的価値がある、と信じているからである。筆者が専門とする政治学の分野を例にとれば、最近隆盛を誇っている分野に、数量的データを用いて特定の政治現象の因果効果を計測する研究がある。彼らはそれがこれまできわめて曖昧にしか議論されてこなかった、政治現象の原因をシャープに突き止めることのできる手法であり、ゆえに大きな価値がある、と信じており、実際それはその通りだろう。他方、これとはまったく異なるものとして、同じ政治学でも、政治の現場で現在、そして過去に何が起こったのか、起こっているのかを克明に調査し、記述するタイプの研究もある。このような研究を行っている人々は、現象の原因よりも、そもそもどんな現象が起こっているかに興味があり、それを記録しておくことこそが重要だと思っている。

当然のことながら、優れた因果効果の研究の背後には、優れた事実にかかわる情報が必要であり、本来なら両者の研究は補いあって進むべきである。しかしながら、ポスト削減が続く今の大学では、さまざまな政治分野に関わる研究を行う人々を幅広く雇用することは次第に困難になっている。だから、ここで不幸な出来事が起こる。研究者は自らが学んできた研究手法や専門分野に意義があると信じてきた人々であり、またその手法でその分野において行った研究成果が評価されたことにより今の地位に上り詰めた人々である。つまり、彼らにとって自らの専門分野の有用性の否定は、自らの研究業績の有用性の否定を意味しており、容易に受け入れることはできないものなのである。「我々の専門分野が不必要だなどと言うことは、我々の存在意義にかかわるものであり認められない」というわ

けだ。

こうして最悪の場合、教授会や学会、各地の研究会やさまざまな大学の会合で、大学教員が互いに他の研究分野を見下すかのような発言を行い、結果、今にも摑みかかって殴り合うのではないか、という危ういシーンさえ生まれることになる。

そして、異なる専門分野を持つ大学教員が互いに相手を見下し、険悪な関係が生まれる理由がもう一つある。それは大学教員の世界における専門分野がきわめて狭い、ということだ。たとえば、民法の専門家でも民法の全てを専門にしている人はいないし、韓国政治を研究していることになっている筆者とて、韓国政治の全てをカバーしているわけではない。ましてや異なる分野の研究についてわかるはずなどない。にもかかわらず、ときに大学教員は自らの専門分野の基準を、まったく異なる専門分野に当てはめて、相手を判断しようと考える。互いの専門を尊重し、成果を生かし合う環境が作れなければ、大学が教員にとって好ましい職場になることはない、と思うのだが、いかがだろうか。

第五章　大学教員を育てる

†大学教員の退職年齢

さて、ここまで筆者が経験した例を使って、大学教員の仕事がどのようなものなのかについて紹介してきた。とはいえ、その筆者もまもなく還暦。大学教員の定年退職年齢は、現在、多くの国立大学では六五歳、私立大学では六〇歳から七〇歳の間に多く分布している。もちろん、世界的にも顕著な業績を上げた著名な研究者なら、退職後もさまざまな大学から引く手数多だし、大学教員の中には学長や理事等に就任して、さらに長く働く人もいる。だが、それらはあくまできわめて限られた事例であり、筆者のような地方国立大学のしがない地域研究者は、退職年齢を迎えれば素直にその職を退くしかない。

そしてそのことは筆者が大学教員として働けるのも、長く見積もってもせいぜい一〇年足らずだ、ということを意味する。年齢を重ねると目はかすむし、耳は遠くなるし、何よりも頭の回転が若い頃よりもはるかに遅くなる。だとすれば、重要なのは、自分が頑張ってさまざまな仕事をこなすよりも、次代の大学教員になる人々を育てることだろう。

†学部と大学院はこう違う

では大学教員はどのように育つのか。序章では筆者の例について書いてみた。しかし、筆者の例は三〇年以上も前のものにすぎず、今の大学教員が育つ過程とは大きく異なっている。同時に筆者は、今の勤務先に移って以来、二八年以上もの間、大学院の専任教員として勤務しており、そのなかで一〇名を超える大学教員を育ててきた。そこで、今度は大学教員を育てる側の立場から、現在の大学教員を巡る状況を紹介してみたい。

よく知られているように、実務家教員のような事例を除けば、多くの大学教員は学位、つまりは博士号を有しており、その博士号こそが専門性の証になっている。かつての日本の大学、とりわけ人文社会科学系の部局では博士号取得が難しく、大学院在学中にはこれを取得できない例が大半であった。序章で紹介した筆者の事例もその一つであり、筆者はいったん大学院を退学して職を得た後に、母校に改めて論文を提出して博士号を取得している（これを「論文博士」という）。

だが、それは大学教員のポストに余裕があった当時の話であり、今では博士号がなければ事実上、公募に応じることも難しい。だからこそ、よほど特殊なルートを考えるのでないかぎり、大学教員を志望する人は大学院に進学し、その課程で博士号を取得することになる（これを「課程博士」という）。

さて、それでは大学院とはどんなところであり、どんなところであるべきなのだろうか。この点については、多くの議論があり、人によって理解が異なることを前提としていえば、少なくとも筆者は次のように自分の学生に説明している。たとえば学部を卒業しただけの場合、学生の就職先は多様である。法学部を卒業して公務員になる人もいれば、銀行に勤める人、メーカーにて事務職に就く人もいる。しかしながら、大学院を修了（ちなみに大学院に対しては「卒業」という言葉は通常使わない）した後の進路はそれとは大きく変わってくる。彼らは大学院で学んだ自らの狭い専門分野にかかわる職に就くのが通常であり、その選択の余地は学部卒業時より狭いものになる。そして、そのことは博士前期課程から後期課程に進むとさらに顕著になる。

長い時間をかけて勉強し、苦労して成果を出せば出すほど、その進路として選択できる範囲は狭くなる。一見、奇妙に思える話であるが、それが専門性というものだからである。そして大学院とはその専門性を身につけて、何かしらの専門家になるための学校なのである。

　だからこそ、その教育内容も学部と大学院では大きく変わってくる。学部は社会において活躍するために、社会で広く共有されている知識を学ぶものであり、そこでの学習の中心は「すでに知られていること」を身につけることに置かれている。だから学生たちにも、教員がすでに知っている何かしらをそのまま答えることが期待されている。

　しかし大学院ではそうではない。専門家に必要なのは、誰かがすでに知っていることを鸚鵡《おうむ》返しに答えることではなく、自らの専門性を利用して、自分にしかできない新たな何かしらを見つけ出すことだからである。ゆえにそこでは、研究等に必要な知識や手法、アプリや実験器具の使い方こそ「教えてくれる」ものの、それを使ってどういう結果を導き出すかまでは、なかなか教えてくれない。なぜなら、すでに他人が知っている結果と同じものを出しても、そこに新しい何物も見出せないからである。大学の世界ではこの何か新しいものを「新奇性」と呼んだりする。そして、その「新奇性」を目に見える形で示すのが、学会での口頭報告であり、また論文出版だ、ということになる。

　であれば、どうやって「新奇性」のあるものを見出すのか。当然のことながら、研究の結果として何が見つかるかは、どのような研究を行うかにかかっている。だから重要なのは、どんな研究計画を立てるか、になる。なので大学院では、研究に必要な知識や手法を

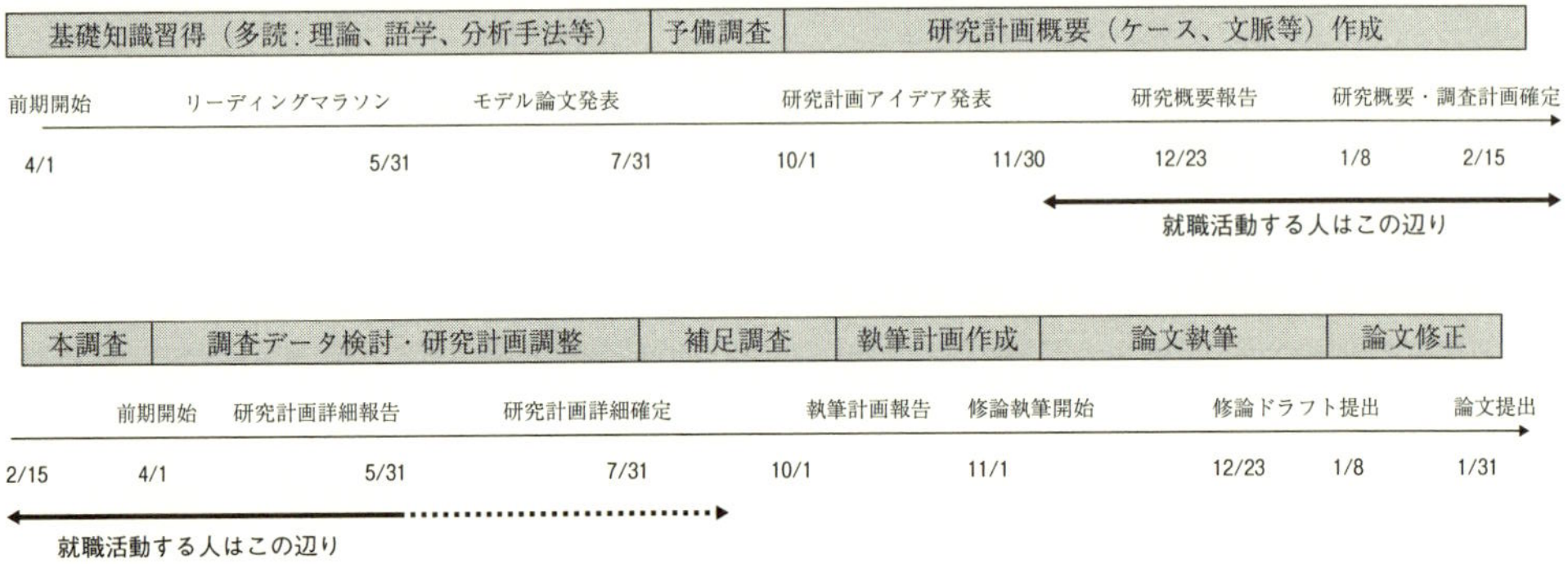
基礎知識習得（多読：理論、語学、分析手法等）
予備調査
研究計画概要（ケース、文脈等）作成
前期開始
リーディングマラソン
モデル論文発表
研究計画アイデア発表
研究概要報告
研究概要・調査計画確定
4/1
5/31
7/31
10/1
11/30
12/23
1/8
2/15
就職活動する人はこの辺り
本調査
調査データ検討・研究計画調整
補足調査
執筆計画作成
論文執筆
論文修正
前期開始
研究計画詳細報告
研究計画詳細確定
執筆計画報告
修論執筆開始
修論ドラフト提出
論文提出
2/15
4/1
5/31
7/31
10/1
11/1
12/23
1/8
1/31
就職活動する人はこの辺り

図5－1　修士論文作成のモデルスケジュール（博士前期課程）

教えるだけでなく、どうやれば良い研究計画が立てられるかも教える。たとえばこの点については、多くの自然科学系の大学院では、教員がすでに実施している研究プロジェクトに学生を参加させ、その経験からこれを学ばせていくことが多いだろう。対して人文社会科学系では、大学教員も研究を個人単位で行うことが多いので、大学院生をいきなり研究プロジェクトに入れることは難しい。たとえば、筆者の例であれば、資料やデータが韓国語である以上、韓国語の読み書きができない学生は調査や分析に参加することは不可能である。なので、人文社会科学系の多くの分野では最初から、学生に独自の研究計画を立てさせて、試行錯誤させる。試行錯誤の最初の作品が修士論文であり、その集大成が博士論文だ、ということになる。

しかし、それだけではあまりに漠然としているので、筆者の研究室では大学院生向けに「標準スケジュール」を作って、これに従って研究を進めてもらうことにしている。図に書いて見ればこんな感じである（図5-1、5-2）。

一見してわかるように、前期課程のスケジュールは修士論文作成のためのものであり、一本の論文を書くためにまるまる二年間を使っている。他方、博士論文のほうは、先の修士論文を基にしたものを含めて三本の論文を順番に完成させる形になっている。これは、今の大学では教員になる際には、単に博士号があるだけでなく、それなりの学術雑誌にお

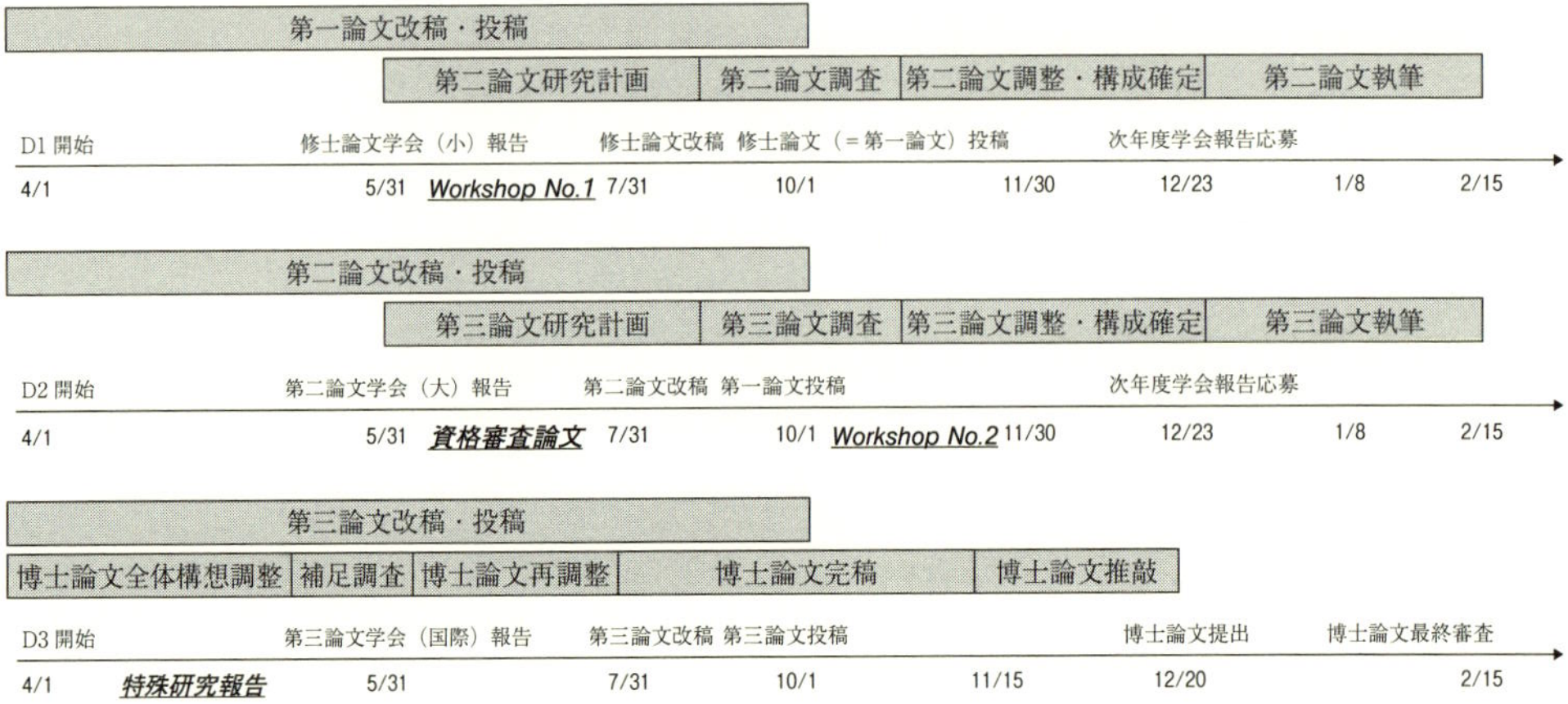
第一論文改稿・投稿
第二論文研究計画
第二論文調査
第二論文調整・構成確定
第二論文執筆
D1 開始
修士論文学会（小）報告
修士論文改稿
修士論文（＝第一論文）投稿
次年度学会報告応募
4/1
5/31
Workshop No.1
7/31
10/1
11/30
12/23
1/8
2/15
第二論文改稿・投稿
第三論文研究計画
第三論文調査
第三論文調整・構成確定
第三論文執筆
D2 開始
第二論文学会（大）報告
第二論文改稿
第一論文投稿
次年度学会報告応募
4/1
5/31
資格審査論文
7/31
10/1
Workshop No.2
11/30
12/23
1/8
2/15
第三論文改稿・投稿
博士論文全体構想調整
補足調査
博士論文再調整
博士論文完稿
博士論文推敲
D3 開始
第三論文学会（国際）報告
第三論文改稿
第三論文投稿
博士論文提出
博士論文最終審査
4/1
特殊研究報告
5/31
7/31
10/1
11/15
12/20
2/15

図５－２　博士論文作成のモデルスケジュール（博士後期課程）

ける出版業績があることが求められているからである。博士号だけあっても、学会報告や論文の出版業績がなければ、大学教員としての「就職戦線」に立つことは困難だ。

†学生を紹介するのも仕事

だから、大学教員を育てる際には、若い人たちに単に勉強させ、学位論文を書いてもらうだけでは十分ではない。学会で報告させるためには、学会の情報を与え、選択させ、推薦人を探すことが必要である。論文や著書の出版のための学術雑誌や出版社についても同じである。つまり、これまで自分が大学教員として培ってきたネットワークを、学生に提供するわけである。奨学金を得る場合や、留学に行く場合、さらにはどこかの大学の公募に応じる場合に推薦書を書くのも大学教員の仕事の一つである。

そして、このように学生たちにネットワークを広げさせ、機会を与えていくのにはもう一つ理由がある。それは大学院での教育は、指導教員個人はもちろん、一つの大学の大学院内においてすら完結不可能なものだからである。背景には、専門性の問題がある。筆者の場合、メディア向けには専門を「比較政治学」や「朝鮮半島地域研究」と紹介しているものの、それらの全てを直接の研究対象にしているのではない。筆者が研究者として専門にしているのは、朝鮮半島の南半分を占める韓国におけるきわめて限られた政治状況や歴史の分析であり、たとえば、北朝鮮のことはよくわからないし、K－POPがなぜこれほどまでに流行しているのかについての専門知識は有していない。大学院に入学してくる学生の関心分野は多様であり、筆者が専門分野としている韓国や朝鮮半島に関する部分だけでも、とても一人でカバーすることはできない。

だから、彼らを専門家、そして将来の大学教員に育てていくためには、自らが所属する大学や大学院の外にいる多くの研究者の知見が必要になる。たとえば、K－POPについて研究したい学生がいるとしよう。筆者は韓国における資料の探し方や、関係者の紹介はある程度できる。しかしながら、ポップカルチャーの分析の仕方は知らないので、その部分は専門家を紹介して、学生にはそこからアドバイスを得てもらう。そうして学生は自ら専門的な知識を蓄え、最終的には指導教員はもちろん、他の誰もしたことのない研究を行い、「新奇性」のある知見を獲得し、これを世界に公表する。そうしてそれを指導教員の手を借りずに行えるようになれば、研究者として一本立ちできるわけである。そしてそのとき、かつての大学院生は少なくとも自らの専門分野においては、指導教員を超える存在になっていなければならない。なぜなら、その分野の狭い意味での専門家ではない指導教員にすらやすやすと反駁《はんばく》されるようでは、とても本当の専門家の眼前で報告できる研究者としてはやっていけないからである。

†研究者の卵はここでつまずく

とはいえ、全ての大学院生が同じように上手く育つわけではない。このように書くと、読者の中にはそれは「頭の良さ」によって決まるのだろう、と思う人がいるかもしれない。しかし、大学院で二八年教えた筆者の経験からすると、それは実際の学生たちのパフォーマンスとは大きく異なっている。多くの大学院生がつまずくポイントは、受験勉強の過程でいわれる「頭の良さ」とはあまり関係がないからだ。

その背景にあるのは、大学院において求められる能力が、受験勉強や学部教育におけるものと異なることである。すでに述べたように、学部教育の目的は既知の知見の獲得にあり、だからこそ学生は教員が求める「模範解答」を書けば評価されるし、それが典型的な優等生である。しかし、大学院において求められているのは「新奇性」であり、誰かがすでに知っている「模範解答」は意味をなさない。だから、学生は何かしらの工夫をして、これまでに誰もやったことのないことやアイデアを試し、実証しなければならない。これが、大学受験から学部教育において行われている「勉強」と、大学院以降で行われている「研究」の違いである。

だからこそ、大学院生の最初の、そしてもっとも大きなつまずきは、この「勉強」から

「研究」への移行の際に現れる。たとえば、「勉強」が得意で、先生の言うことをいつも先回りして答えてきた優等生がいるとしよう。頭の良い彼は教科書をはじめとする文献の理解が早く、その内容の理解についてはずば抜けている。

しかし、「研究」において重要なのは、既存の知識を得ることではなく、それをどうやって使って結果を出すかである。優れた研究がすでにあるとして、この先行研究が扱ったのと同じ問題を、同じ方法で再度分析したとする。当然、その結果は先行研究と同じになる。これでは「新奇性」は何も得られないので、「研究」にはならない。同じことは研究や分析の手法についてもいえる。ある優れた手法があるとして、これを使って他の問題を分析したとしよう。何らかの結果は出るだろうが、それだけではその分析手法が優れていることを示したにすぎない。牛肉がよく切れる包丁を使ったら豚肉も良く切れた、というだけであれば、偉いのは料理をした人ではなく、包丁を作った人である。

そもそも「新奇性」のある研究には、その定義上模範解答は存在しないから、結果がどうなるかはわからない。そしてときにこの「模範解答のない」状態に上手く適応できなかったかつての優等生が、大学教員になれずに道を見失ってしまうことになる。

もう一つ、受験勉強や学部教育で優等生だった人がつまずくのは、「完璧性の罠」とでもいうべきものである。たとえば、何かしらの政治現象を分析するために調査を行ったとする。その中には、自分が考える仮説に好都合な情報もあれば、そうでない情報もあるだろう。資料は上手く出てこないかもしれないし、お金も時間もとてもかかるかもしれない。そもそもたとえば、どこかの国のクーデター一つをとって見ても、それをもたらした原因は無数に考えられる。特定の軍人の政治的野心や、軍内の軋轢、政治の腐敗や民衆の不満、さらには経済状況や対外関係も重要な要素だろう。当然のことながら、その全ての要素を全て完璧にカバーすることはできないし、そんなことをしようと思えば、お金や時間が無限にかかってしまう。

だからこそ、研究を行う際には、研究目的をできるだけ狭く絞り込み、資料がなくて分析不可能な要素や、自分の関心の埒外にある要素は切り捨ててしまうのが通常なのだが、それでは実際に何が起こっていたかを完全に再現することはできない。研究の完成度についても同様であり、資料が上手く付いてこなければ、諦めなければならないこともある。

そしてその見切りが上手くできなければ、その学生は一生懸命「勉強」しているのに、一つの研究に延々と時間とお金をかけつづけることになる。こうして「頭が良い」のに、論文が一向に書けない学生が誕生する。

もちろん、これら以外にも大学院で挫折するまったく異なるパターンがある。その一つは「自らの苦手分野から逃げ回る」人たちである。たとえば、ある研究計画においては、数量的分析を行ったほうが明らかに有利で早道である場合がある。その場合にはどんなに数学が苦手でも、そこから逃げていればなかなかゴールには到達しない。語学や資料分析の方法も同様であり、たとえばベトナムの政治を分析するのに、ベトナム語の公文書等が読めなければ、その研究はあるレベルでぴたりと止まるだろう。明らかに必要であるにもかかわらず、「数学が嫌いです」「語学はやりたくありません」と言いつづけるのでは専門家として「戦える」はずがないし、大学教員として学生に教えることもできない。

研究目的がいったん決まれば、研究者はそのためのベストの手法やデータを使う他はない。だから、何かしら自分には使えない手法や分析できないデータがあるなら、研究目的のほうを変えるしかない。この調整ができなければ、必然的に研究が挫折することになる。

†ポスドクを助ける

大学院に進学し、無事、修士論文に次いで博士論文を完成して、学位を取得する。その過程では学会報告や論文出版が必要になるから、ある程度の研究業績を積むことができる。しかしながら、本書でも幾度も述べてきたように、少子化と教育予算の削減に苦しむ日本の大学では、教員ポストの削減が続いており、博士号が取得できたからといって、すぐにどこかの大学教員になれるケースはきわめて稀である。こうした、博士号取得後に大学をはじめとする研究機関のポストを探しつつ研究を進める状態にある人を「ポストドクター」略して「ポスドク」という。ちなみに類似した用語に「オーバードクター」という言葉があるが、こちらは博士後期課程の修了標準年限である三年を超えて在籍する人のことをいう。つまり、「ポスドク」はすでに博士号を取得している人、「オーバードクター」は博士号を依然取得していない人なので、用語の使い方に注意が必要である。

それでは「ポスドク」の人たちはどうやって、自分の職を探していくのか。かつてであれば、元指導教員が持てるネットワークを最大限に動員して、教え子をどこかの大学に押し込むという行為が当たり前に行われていたが、現在の公募が圧倒的な比重を占める大学の人事ではそれは難しくなっている。だからこそ、現に大学教員である我々がかつての教え子たちにできるのは、大きく分けて二つである。一つは、ふたたび彼らにさまざまな機会を与えて、公募に通ることができるような実績を積んでもらうこと。予算難に苦しむ今の日本の大学では、ポストの余裕がなくなっており、どこも「即戦力」の人材を求めている。本書でくわしく述べてきたように、大学教員の仕事は研究だけではなく、教育や学内行政、さらには外部資金の獲得や社会貢献等が含まれているから、「即戦力」であるためには、これらの仕事の能力や経験があったほうが絶対に良い。

とりわけ重要なのは教育面での能力であり、だからこそ我々現役の大学教員は、自ら非常勤講師等のポストを探してきて、「ポスドク」の地位にある人々に紹介する。現実に経験を積んでもらうのみならず、その経験をもって、公募の場で自らの教育能力を示せるようにするためである。

同様のことは外部資金の獲得についてもいえる。たとえば、代表的な外部資金である科学研究費補助金の申請には、どこかの大学や研究機関に所属している必要がある。研究費は誰かが公正に管理せねばならず、そのためにはちゃんとした大学や研究機関に所属する必要がある、というのが文部科学省の説明である。だから大学側は、ポスドクの人たちの当座の居場所として「部局研究員」等と呼ばれるポストを提供し、彼らに機会を与えることになる。大学に所属すれば、図書館をはじめとする研究施設も使えるから、たとえ給料が一銭も払われない「無給研究員」であっても、居場所があるとないとでは大違いである。

かつての教え子等に対して大学教員ができること。その二つ目は、より直接的に、どこかから外部資金を取ってきて、彼らを雇用することである。つまり、本書で幾度も述べてきた外部資金の確保は、単に大学を組織として運用するためのみならず、ポスドクの人たちに当座のポストを与え、次につなげる時間を稼ぐためにも不可欠なのである。

ポスドクの人たちへの資金の供与は、大学による雇用の形以外の場合もある。今の大学院生やポスドクの人たちにとって、そのもっとも貴重な機会は、日本学術振興会の「特別研究員」になることだろう。この制度には、ポスドクの人たちを対象にしたその名もずばり「ＰＤ」に加えて、博士号取得前の大学院生を対象にする「ＤＣ」もある。「ＰＤ」に選ばれると、母校を離れて他の大学に移る決まりになっており、これらの人々を「特別研究員」等として受け入れるのも大学教員の仕事である。なお、二〇二三年からはこれら「ＰＤ」の人々を各大学が「特命助教」として雇用することも可能になっており、これらの制度により大学に雇われている人々を「ＰＤ助教」と呼んだりする。

もちろん、これらの資格に応募するのは、基本的には大学院生やポスドクの人たち本人なのであるが、科学研究費補助金のような研究費としての外部資金とあわせて、いきなり良くできた申請書を書き上げるのは至難の業であり、その書き方のノウハウを伝達するのも、次世代の大学教員を育てる際の重要な仕事である。ちなみに、東京大学や京都大学といった名門の大学では、過去に先輩等が執筆した多数の申請書やその執筆のノウハウが積み重なって伝えられており、それらがこれらの大学の「強み」になっていたりする。なので、筆者のような地方大学の教員は、自らの教え子たちが名門大学の大学院生やポスドクの人たちと互角以上に戦えるようにするために、機会を与えるのみならず、機会を得るためのノウハウをも伝授することが、重要な仕事の一つになるのである。

さらにいえば、若い人たちに研究の機会と大学教員として生きて行くための資源を与える、という意味では、大学やその下部にある学部や部局といった組織を維持すること自体もきわめて重要である。組織がやせ細ってポストがなくなれば、若い研究者はポストにつけないし、現在、ポストについている人々が昇進することも難しくなる。人件費が減少して、少ない人数の教員に多くの負担が割り当てられれば、研究や教育の業績は上がらないし、職場の環境も悪くなる。だとすれば、現在の筆者のように部局長として、日々組織を支えつづける仕事もまた、次世代の大学教員を育てることに少しは貢献しているのかもしれない。

コラム

大学教員と編集者

ここまで述べてきたように、大学教員を志す人たちにとって何よりも重要なのは、やはり研究成果を出版することである。多くの学部教育では、学生の評価を決めるのは大学で行われる授業の成績であり、彼らは教員の求める模範解答を答えれば良い評価を得ることができる。いわば、学内で狭く完結した評価システムである。しかし大学院では、たとえ博士前期課程レベルであっても、その研究成果は何らかの「新奇性」を持つものでなければならず、その評価は国際社会を含む広い「学界」に問うてはじめて得られる。

だが、その学術成果の出版の前に立ちはだかる存在がある。「査読者だろう」と思った人はさにあらず。たしかに投稿論文を直接チェックする査読者は、論文の掲載可否を決める、大きな権限を有している。しかし、論文の出版はこれらの査読者の意見によってのみ決まるわけではない。ほとんどの雑誌では、査読者の上にエディター（編集者）がおり、論文の可否を最終的に決めるのはこのエディターである。さらにいえば、そもそも論文を読んで査読者を決めるのもエディターや彼らにより構成される編集委員会であり、彼らには第五章で述べたように査読者がハラスメントまがいの査読コメントを返したときに、これを調整する役割も期待されている。

編集者の存在が重要なのは、書籍の出版においても同様である。とはいえ、書籍の出版時における編集者の役割は、学術雑誌のそれとは異なっている。なぜなら学術雑誌においてエディターは、論文の正確さや書き方、あるいは分析の不十分さ等を指摘しこそすれ、その抜本的な書き直しや、そもそもの主題の変更等を提案したりはしない。しかし、書籍の出版において編集者は、ときに書籍の主題や構成の仕方、さらには元々の原稿には存在しなかった部分の執筆（たとえばこのコラムもそうだ）を大胆に提案するからである。

さらにいえば、編集者は大学教員が持ち込んで来た原稿に対してコメントするだけではない。大学教員と編集者はときに、プロジェクトが文章になるはるか以前から連絡を取り交わし、どうすれば良い研究書が書けるかについて、意見交換する。このようなとき、編集者はもはや研究プロジェクトの主要な一員といってよい存在になっている。筆者の進める科学研究費プロジェクトでも、最初からこうした形で特定の出版社の編集者を入れて議論する例があり、バランスの良い研究書を早期に書き上げるのに役に立っている。

しかしながら、出版社のプロの編集者の助けをもっとも必要とするのは、筆者のような還暦寸前の老人ではなく、若い研究者たちであろう。なぜなら、彼らは大学院では修士論文や博士論文といった単発の学術論文の書き方しか学んでおらず、それを学界の中のみならず、より広い人々にも関心を有してもらえるような作品へと作り上げるためのノウハウを有していないからである。独りよがりで読みにくい文章を、いかにして平易で、わかりやすい文章へと書きなおすか。また、説明が足りない部分をいかにして補うか。博士後期課程を卒業し、指導教員を持たなくなった人々にとって、編集者のアドバイスは、「もう一人の指導教員」ともいえる役割を果たしている。

編集者との関係は、大学教員に新たな機会を開くこともある。筆者の例であれば、自らの三〇年間の研究者人生を描いた『韓国愛憎』（中公新書、二〇二二年）は、編集者からの提案がなければ、書くことを思いつくことすらできないものだった。自らの大学教員としての経験に基づいた本書も同様であり、また、書籍ではないが筆者に趣味のプロ野球コラムを書かせてくれる機会を与えてくれた編集者もいる。

そして、編集者とは変わった、いや、きわめて個性的な人々である。複数の出版社と仕事をすればすぐにわかるように、編集者や社が異なれば、原稿に赤を入れる入れ方だって違ってくるし、締め切りの設定や出版のタイミングすら違っている。だからこそ、さまざまな編集者との付き合いで大学教員は、自らの異なる側面を知り、新たな仕事の機会を見つけることができる。ありがたい存在だが、ただしそれはあくまで我々がきちんと締め切りを守れたときの話だけ、なのかもしれない。

編集者いろいろ
M書房
こんな小学生の作文みたいなもの出せるわけないでしょ
SA社
先生の本を売ってもル○ィの手が伸びていく1コマの売り上げにもなりませんからー

第六章　営業する大学教員

†部局の運営経費は三〇年で三〇〇〇万円減

人を育てて雇うためには組織を支える必要があり、組織を維持するためには資金が必要である。とはいえ、現在の日本の大学を巡る状況は決して楽観できるものではない。

「大学については、一〇年後がすでに想像できない。五年後も難しい」。

とある国立大学教員がSNSに残した呟きである。一九九〇年代末、まだ若手教員であった筆者の目に輝いて見えた国立大学の姿は、今や大きく様変わりしたものとなっている。

それでは大学を巡る経済状況は、どのくらい変化しているのだろうか。たとえば、筆者が現在所属している大学院の予算は年一億円弱であるが、その規模はこの三〇年で一五〇〇万円ほど減少している。ちなみにその間に所属する大学院生の数はほとんど変わっていないから、学生一人当たりの予算もそれだけ減少していることになる。加えて近年この部局の予算は、約二〇％が科学研究費補助金の「間接経費」や各種のプロジェクト経費によって占められている。そのうちプロジェクトに関わる経費は、プロジェクト以外には使えない。この経費が予算全体のなかにおよそ一五〇〇万円存在する（ちなみにこの割合は、この文章を書いた後、さらに増した。新しい外部資金が取れたからである）。

このことは、部局本来の運営に使える経費がこの三〇年間に合計三〇〇〇万円近くも減少していることを意味している。ちなみにこの部局ではこの限られた予算内で、非常勤職員や非常勤講師の人件費、電気代や水道代を払い、事務作業等に必要なパソコン等の備品を買い（なお、教員のパソコン等は外部資金からも支出できるので別枠である）、老朽化が進むネットワークや建物の補修、さらには図書館に収める図書等を購入する経費等を払っている。三〇年近くの間には、電気代や図書館の電子データベース契約料のように、価格が大きく高騰しているものもあるので、部局のやりくりはますます大変になっている。

結果、筆者の所属する大学では、学生がコンピューターを使って作業する「情報処理室」を「ノートパソコンの所有率が上がったから」という名目で廃止したり、廊下の照明灯を二本に一本は抜いて電気代を節約したりする、涙ぐましい努力をして予算を削減している。夏には電気使用量が一定の範囲を超えると大学全体の電気代単価が上がる契約になっていた時期もあり、「このまま行くと契約電気使用量を超えるので、エアコンのスイッチを切れ」という趣旨のメールが回ってきたこともある。

†個人研究費は年間五〇万円から一〇万円に

このような財政難の直撃を受けているのが、各教員の研究費である。筆者の所属する部局では、筆者が赴任時には一人当たり年間五〇万円を超えていた個人研究費が、今や年間一〇万円にまで削減されている。研究科全体で払われている個人研究費の合計は約三〇〇万円。なので、筆者の所属する部局の場合、部局の経費において研究費が占める割合はわずか三％程度ということになる。地方国立大学なので、学会等で東京に一泊二日で二回出張したらほぼ消える金額であり、この研究費でデータベースへのアクセス権を購入したり、パソコンを購入したりして、研究を遂行するのは、ほぼ不可能である。

とはいえ、現在の国立大学の部局の中には、大学から支給される個人研究費がゼロという事例も多いので、決して筆者の所属先が極端に困難な状態にあるとはいえない。当然のことながら、これで書籍の購入や海外での調査や学会報告の費用が賄えるはずもなく、まともな研究活動をするためには外部資金の獲得が必須になっている。

†科研費は大学のお金

このようにして大学教員が自らの研究活動のために獲得する外部資金の中で、もっとも一般的で、多くの人がチャレンジするのが、科研費こと科学研究費補助金である。その一般性は、科研費に応募しない教員には大学から支給する研究費を減額する、はなはだしくは与えない、という大学もあることによく表れている。つまり、科研費を取りにいかないということは、研究費を必要としていないということであり、それはすなわち研究の意欲がない、というのである。一歩間違えれば「大学教員失格」といわれかねない状況である。

だからこそ、大学教員の多くはすでに述べたように、どんなにその手続きが煩雑でも、科研費の申請を行う。だが、こうして苦労して獲得した経費が何にでも自由に使えるか、といえばそうではない。注意しなければならないのは、科研費のみならずこうして獲得した経費は、研究業務という「大学の業務のために獲得した外部資金」なので、個人の財布には入らず、大学の会計に入ることである。だからその執行においては、外部資金と大学の会計ルールの双方に従わなければならない。たとえば、ある研究のために獲得した経費は、研究以外の経費に使えないのはもちろん、他の研究への流用も禁止されている。また、多くの国立大学の会計ルールでは、例外的なケースを除いて研究費で飲食を行うことが制限されているので、「研究費を獲得して学会等のアルコールの出るパーティーに使う」ことは不可能だ。備品として書籍やパソコン等の設備を買えば、個人ではなく大学の資産になるので、その管理も厳密にしなければならない。出張費についても、所定の金額が決まっているので、予約をするのが出遅れて高いホテルしか予約できなければ、大幅な赤字になることも多い。国立大学の通常の基準で支払われる宿泊費は一泊一万円強にすぎないからだ。対して、現在のロンドンやワシントンの宿泊費は小さなホテルでも三万円を大きく超えることが普通であり、何もしなければ現地で一泊するたびに福沢諭吉や渋沢栄一が二人ずつ海外に留学することになる。論文の出版にも投稿費や掲載費等が必要であり、赤字分は個々の大学教員のポケットマネーから補われる。学会に出席し、論文を投稿する。そんな最低限の研究活動を行うのもなかなか大変なのである。

そして、今日の大学に必要な「外部資金」は、こうした研究のための資金だけではない。たとえば、海外から留学生を呼び寄せ、逆に日本から海外に学生を送るためには、ときに奨学金が必要だ。もちろん、学生自らが申請して獲得する奨学金もあるのだが、大学もまたそのための奨学金を持っている。ほとんどの場合、こうした奨学金も「外部資金」として得られたものである。

筆者の仕事の中から、その例をいくつか挙げて見よう。筆者の勤務する部局では二〇一一年度から今日まで、「キャンパスアジア・プログラム」という、中国や韓国の大学との間の学生交換プログラムを実施している（二〇二一年度からは、東南アジア諸国を加えて「キャンパスアジアプラス・プログラム」という名前に変わっている）。このプログラムは文部科学省が実施する「大学の世界展開力強化事業」の一環として行われている。

とはいえ、このようなプログラム実施のための資金が自動的に文科省から降りてくるはずもなく、各大学は申請書を書いてこれに応募する。そしてそのための申請書を書き、文部科学省との交渉を重ね、他の大学との激しい競争の末に、獲得するのも大学教員の仕事である。上手くいけばこれらの資金で、研究費では雇えない特命助教等の教員や事務職員を追加で雇える場合もあるから、大学にとっては貴重な「外部資金」なのであるが、その獲得・維持のための業務量はなかなか多い。

大学が応募し、獲得に奔走する外部資金はきわめて多様であり、それ以外にも、何かしらのシンポジウムやイベントを行う際の寄付や、外務省等が有する海外からの留学生を呼び寄せるための奨学金、さらには企業その他の団体からの出資による「寄付講座」の設置などがある。資金の獲得には多大な準備が必要であり、日頃から社会的人脈を広げて情報を収集し、応募が開始されると同時に膨大な量の書類を書かなければならない。プロジェクト実施のために経費を獲得すれば、そのプロジェクトを計画通りに実施する必要があり、出資元に提出する報告書を作成し、「評価」を受ける作業も必要だ。仮にプロジェクトが上手くいかず、評価が低ければ、翌年から資金を打ち切られる可能性だって生まれてくる。執行ミスが起これば、使ってしまったお金を返金するという悲劇的な事態も訪れる。

そもそも「外部資金」を取ってきたからといって、その作業に従事した人の給料が増えるわけではない。それでも大学教員が「外部資金」の獲得に走る理由の一つは、その経費の一部が大学本部や部局の運営に回るからである。たとえば、科研費においては、研究に直接使う「直接経費」に加えて、その三〇％に相当する金額が「間接経費」として国から支給され、大学本部や部局の運営に使われている。研究のためには、大学の設備や事務職員の労働を使わねばならず、そのための経費に充てる、というのが公の説明である。

他方、「間接経費」に当たる金額が予定されていない民間等からの「外部資金」の場合には、全体金額のうちの一定割合が、大学の本部や部局の運営に充てるべく、大学側に差し引かれる制度もある。これを「オーバーヘッド」などと呼んだりする。たとえば、とある教員が民間団体から外部資金を五〇〇万円獲得したとしよう。その教員が勤める大学の定める「オーバーヘッド」の割合が二〇％なら、一〇〇万円が大学に差し引かれ、実際に研究に使える経費は残りの四〇〇万円だけ、ということになる。

筆者の勤める部局は相対的に「外部資金」の取りにくい社会科学系の小さな部局である

が、予算全体に占める外部資金の割合は、科研費の「間接経費」だけでも運営に使える経費の一〇％近くにも達している。だからこそ、毎年多くの「外部資金」の応募結果が発表される時期に、各大学の部局長はその結果を固唾をのんで見守ることになる。なぜなら、それがどれくらい得られるかによって、その年の部局の運営に大きな影響がでるからである。

†外部資金への依存が招く問題

いずれにせよ、こうして組織運営のための予算を国から削減された大学は、外部からの資金に依存することとなる。しかしこのような外部資金への依存は、さまざまな形で国立大学を疲弊させる。

何よりも重要なのは、ほとんどの「外部資金」が一年から数年という年限を限って与えられる資金であり、ゆえにそれらに依存すれば、長期的な観点からの大学運営が不可能になることである。たとえば、新たな教員の「テニュア」での採用は難しくなる。結果、任期付きのポストが増え、教員や事務職員の生活が不安定化する。

「外部資金」への依存には、大学内外の資源配分を歪《いびつ》にする副作用も存在する。なぜなら、大学には「外部資金」が比較的獲得しやすい分野と、そうでない分野があるからだ。たとえば、自然科学系であっても、現場に近いレベルで技術の応用を研究する人々には、企業等からの共同研究の誘いが多くあるだろう。しかしながら、応用技術を支える基礎研究を進める人々はそうではない。彼等の研究は、即座に「カネになる」わけではないから、それに進んで出資しようとする人や企業は多くないからだ。

そして実は同じことは、筆者のような人文社会科学系の研究者についてもいうことができる。たとえば、筆者の研究のなかで「時事解説」に近い仕事は、学術的には高く評価されなくても、メディアや政府機関の間で需要がある。だから一定の金額で「売れる」し、研究費を得ることもできる。しかし、同じ筆者の研究であっても、韓国の現代史に関わる実証研究であったり、かつての日韓関係に現場で関わった人々の証言を集める(「オーラルヒストリー」という)研究については、そうではない。

資源配分の歪化は、世代間にも存在している。筆者のようなベテランの大学教員は、これまで幾度も「外部資金」を取っているから、書類の書き方や研究チームの組み方をある程度知っているし、各種財団へのネットワークもある。しかし、若手の研究者の多くはそうではない。なのでそのまま競争すれば、当然、ベテラン教員や、その研究チームに「入れてもらった」人々が有利になる。研究そのものの価値ではなく、経験やネットワークによって差がついてしまうのはフェアだとはいえないし、何よりも有望な若い研究者の将来を破壊してしまうことになりかねない。こうしたノウハウやネットワークをいかにして共有するかは、現在の大学における大きな問題の一つである。

†少子化だけではない

こうした議論を行う際、必ず出てくるのは「少子高齢化が進み、一八歳人口が減少するなか、大学が苦境に陥るのはやむを得ない」、という主張である。若年層のみならず、日本全体の人口が大きく減少していくなか、日本の大学が現在の規模を維持していくことが、将来的に難しくなっていくことは明らかである。

しかしながら、現在の大学、とりわけ国立大学を巡る「今の」苦境が、「少子高齢化の結果」生まれているのかといえば、その答えは、実はNOである。その理由は図6-1を見ればわかる。

明らかなのは、将来はともかくとして、少なくとも現在までの段階では大学への入学者は減っていないことである。つまり、仮に大学がすでに志願者の減少に苦しんでいるのだとすれば、それは進学者の減少の結果ではなく、大学の学生収容数が学生数の伸び以上に増えているためか、もしくは学部や地域などの大学の組織の配置が学生側が求める需要に合致していないからだ、ということになる。

そしてそのことは国立大学については、より顕著である。なぜなら、私立大学との間の授業料の違いもあり、大半の国立大学は少なくとも学部生の募集にはあまり苦労していないからである。筆者の勤務校もまたその一つであり、大学の苦境の原因が、必ずしも「学生が集まらないから」ではないことを如実に示している。

それでは、大学が窮地に陥っている理由は何だろうか。図6-2は、政府が国立大学の運営のために支出する予算の推移である。国立大学が「法人化」された二〇〇四年以後、この予算は減少傾向にあり、その減少は大学運営一般に使われる経費において顕著だということがわかる。他方、図6-3は国立大学全体の支出額を示したものである。こちらは着実に増加している。文科省によればその原因は、「教育研究の高度化や国立大学等が果たすべき役割の多様化に加え、光熱水料の単価の上昇、消費税増税といった外的要因」である、という。大学における教育や研究水準は、世界全体の水準に沿ったものであらねばならず、各国の大学がそのための支出を増やしている以上、日本の大学も同様に支出を増やしていかなければ、その国際的地位が

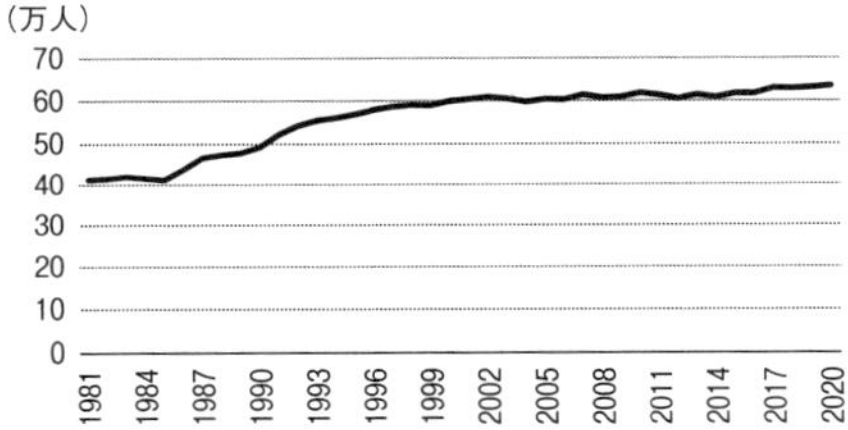

図6-1　大学入学者数の推移
国立大学協会「国立大学法人 基礎資料集」（2024年3月31日）より筆者作成。

相対的に低下するのは当然の結果だといえる。

政府が支出する「運営交付金」が増加しないのに支出が増加すれば、当然それを埋める他の資金が必要になる。その一つが本書でも再三触れてきた「外部資金」だ、ということになる。結果、国立大学全体の支出に占める運営交付金の割合は年々減少している。

重要なのは、さまざまな規則でがんじがらめになっている国立大学では、予算が削減さ

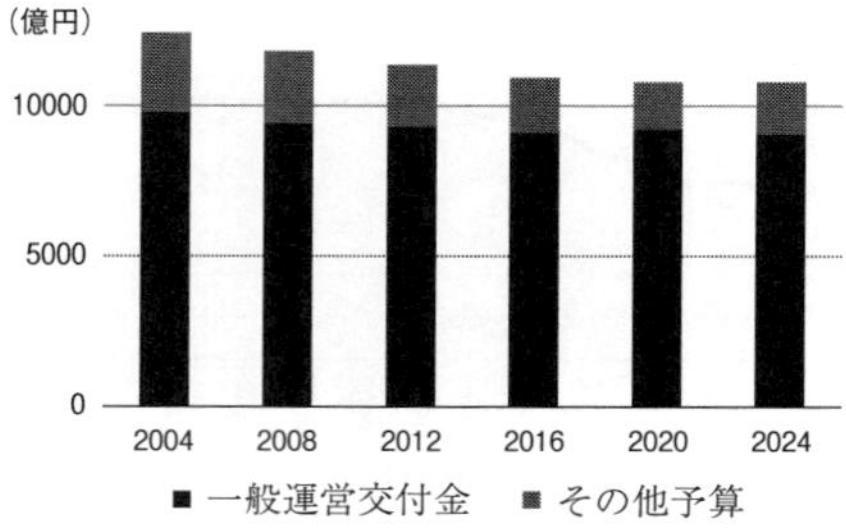

図６－２　国立大学予算の推移
国立大学協会「国立大学法人 基礎資料集」(2024年３月31日)より筆者作成。

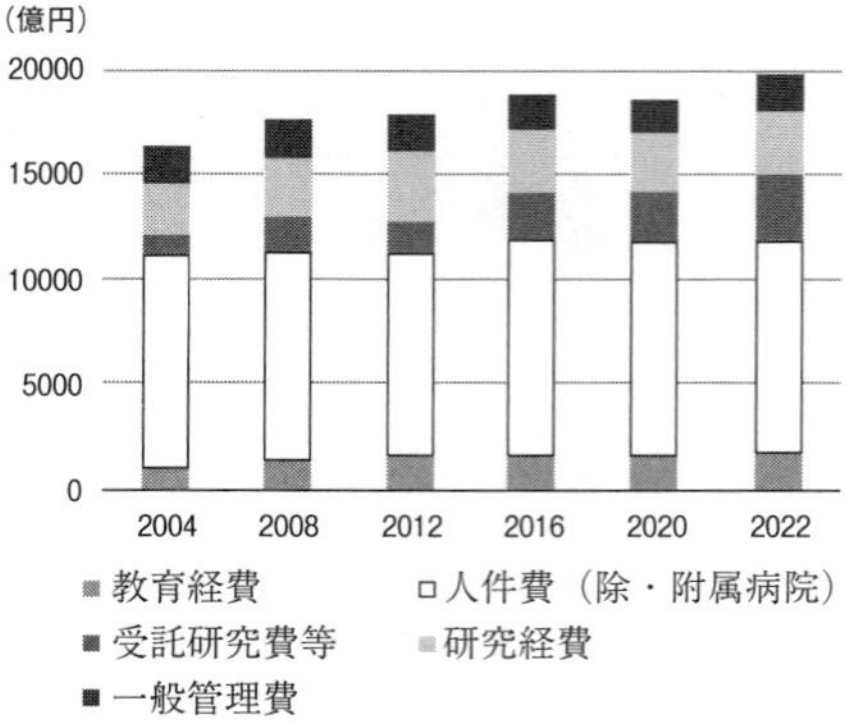

図６－３　国立大学の支出推移(附属病院診療経費を除く)
国立大学協会「国立大学法人 基礎資料集」(2024年３月31日)より筆者作成。

れても、自らの意志で自由に学部や大学院の定数を減らしたりして、その職務を軽減はできないことである。たとえば、新しい学部を設置しようとした場合、学内の調整に一年、文科省との調整に一年、そして大学院審議会での審査にもう一年、あわせて三年もの年月がかかると一般にいわれている。そしてそのためには昔の電話帳のような膨大な量の書類を幾度も用意する必要がある。仕事の内容が変えられないにもかかわらず、予算が一方的に削られれば、業務が破綻寸前になるのは、当然の結果である。

こうしてみれば、現在の国立大学の苦境が、少なくとも現段階においては、少子化による学生数の減少の直接的結果というよりは、少子化を先取りした挙句に、予算を過剰に削りすぎた結果であることがわかる。大学には依然、多くの学生がいて学んでいる。その環境を支える予算がなくなれば、割を食うのは学生たちだ、ということは忘れてはならないと思う。

†二種類の営業

ここまで見てきたように、大学教員の仕事は、必ずしも、「大学の研究室にずっと籠っている」という類のものではない。大学での教育・研究活動には、外部資金も必要だし、研究をはじめとする自らの仕事の成果を知ってもらうためには学界や社会に働きかける必要もある。学会に関わる部分で述べたように、そのためには一定の範囲で「営業」を行うことが重要だ。では、外部資金獲得以外の部分での大学教員の営業にはどんなものがあるのだろうか。

まず大学教員の「営業」活動は、大きく二つの種類に分けることができる。すなわち、大学や部局といった「組織のための営業」と、大学教員「自身のための営業」である。そしてそのことは、大学教員には「営業」で売り込まなければならないものが、二種類あることを意味している。すなわち、自らが属する組織である大学や学会と、個人としての自分自身である。それではそのための「営業」活動はおのおのどのように行われるのだろうか。

†大学を売り込む

さて、組織としての大学のために「営業」をする、といった場合、皆さんはどんなものを想像されるだろうか。たとえば、多くの人にとって大学とはまずは教育機関であり、その存在は塾や予備校などがはじき出す受験偏差値と関連して理解されているかもしれない。ちなみに筆者は個人的には、受験偏差値は大学の立地や、その時々の社会の「流行」にも左右されるので、大学を評価するあまり良い基準だとは思っていない。そもそも受験生にとっても、「偏差値が高い大学が良い大学だ」というのは、「入りにくい大学が良い大学だ」というのとほぼ同じであり、同様の研究や教育が行われ、就職実績も変わらないのに、わざわざ入りにくい大学を選択するのは合理的な選択とはいいがたいからだ。

とはいえ、現実には日本社会において、受験偏差値が大学を評価する際の指標として重要視されていることは事実なので、大学教員はときにこの数字に一喜一憂することになる。とはいえ、受験偏差値はそれ自体を直接操作できるものではないので、できることは大学や部局のイメージを底上げし、多くの受験生を呼び寄せることだけだ。

このために大学教員が行っていることはいくつかある。わかりやすいのは「オープンキャンパス」の実施である。とはいえ、この「オープンキャンパス」も実は大学や部局によりさまざまである。たとえば、筆者が所属している大学院の「オープンキャンパス」は、大きく分けて二つの部分からなっている。一つは文字通りの「オープン」キャンパスであり、大学で行われている授業や演習を、受験を考えている学部生等に開放するものである。とはいえ、専門性の高い大学院の授業をいきなり一部分だけ開放しても、外部の人には何をやろうとしているのかすらわからないことも多い。だから、授業や演習によっては通常の授業をそのまま行うのではなく、オープンキャンパス用の「特別バージョン」を用意することもある。やらせというわけではないが、いつもより初心者にもわかりやすく授業や演習を設定するのである。

筆者が所属する大学院の「オープンキャンパス」のもう一つのパートは、出願希望者向けの入試説明会である。大学院がどんなところか、その入試のためにはどんな書類が必要か等だけでなく、修了生の進路や海外留学の機会、さらにどんな授業や演習が用意されているか等を説明する。あわせて、部局に所属する指導教員候補者や在学中の大学院生と話をする場を設け、この大学院が他と比べてどう違うのか、そこではどういうふうに研究が進められるのか、ゼミや研究室の雰囲気はどんなものなのか等の情報を受験生に提供する。修了生に頼んで、自らの経験を語ってもらうこともある。

「オープンキャンパス」には、こうした部局単位で行われるもの以外に、大学全体で行われるものもある。大学によっては、一年の間に繰り返しオープンキャンパスを実施するところもあり、たとえば関西地方最大の学生数を誇る近畿大学が、二〇二四年三月に実施したオープンキャンパスでは、「特別企画! バイオコークス de しあわせの石焼き芋!」や「近大マグロ&ブリヒラの試食会」等のさまざまなイベントも行われている。そもそも三月のこの時期は、学生にとっては春休みに当たる時期なので、授業等は実施されていないはずだ。だから、この大学の場合、「オープンキャンパス」とは、日頃の大学の様子を「オープン」にするというよりは、大学の「キャンパス」を「オープン」、つまり開放して行われるお祭りに近いイベントなのだろう。大学教員もまた必要に応じてこうしたイベントにも駆り出され、あるいはその企画を担当する。

入学試験に向けた大学教員の「営業」には、これ以外にも高校への「出前授業」などの形も存在する。こちらは大学教員の側が高校の側に足を運び、授業を行ったり、大学についての説明をしたりして、より直接的に受験生を集めるものである。パフォーマンスの良し悪しで大学の印象が変わるので、担当者はなかなか大変である。

大学そのものを売り込む営業の中には、海外にまで及ぶものもある。今日の大学は国内外のさまざまな大学との協力関係を有しているから、この協力を円滑に進めるためには、自分たちの所属する大学がどんな大学で、どんな特徴を持っているかを知ってもらうことが重要だ。

そして、そんなときにもっとも頼りになるのは、卒業生の存在である。筆者の所属する大学院でも、かつての留学生の中に、母国で大臣になったり、大学の学長になったりした人が存在する。だからそのような卒業生たちに、今の大学が置かれている状況を伝え、協力関係を取り結ぶことが必要になる。

こうした海外に在住する卒業生とのネットワークは、新たなる留学生を呼び寄せたり、逆に修了生が就職先を探したりするのにも助けになる。在学生にとっては、新たな留学やフィールドワークの機会を開くものであり、大学教員にとってその確保は重要で日常的な業務の一つにもなっている。

†国内での営業

だが、やはり重要なのは、日本国内における「営業」である。

ここでも、まずもって重要なのは同窓会の存在である。同窓会は寄付金等を集めるためのみならず、学生の就職先確保や、研究教育面での協力関係の足掛かりとしても重要である。多くの同窓会において、大学の教員、とりわけ各学部や大学院の部局長はその役員等をも務めており、他の役員等との間で定期的な会合を行うなどして、円滑な関係維持に努めている。同窓会の会合では、ときに学術講演等も行われるから、こうした会合に積極的に教員を派遣し、顔つなぎをすることも重要である。

筆者の勤務先のような地方大学では、地元社会との関わりも重要である。都道府県や市町村等の地方自治体や、その外郭団体は地方大学がさまざまなイベントを行ったり、あるいは協力事業を行ったりする際の重要なパートナーである。地元メディア、すなわち新聞社や放送局も、大学の広報活動等において貴重な存在であり、こちらとの関係もきちんと築いておかなければならない。個人的には本書の執筆のような筆者の活動も、こうした地元社会とのネットワークをつなぎとめるのに役に立っていると思っている。

そんな筆者の地元社会における営業活動の中で一風変わったものを紹介すれば、地元関西に位置する在外公館との協力関係の維持というものがある。韓国の政治を研究している筆者には、ときに地元にある韓国総領事館からイベントや共同事業等の誘いがかかる。忙しい中でも、こうした事業に協力することで、地元の在外公館との関係を維持し、今度は大学が彼らの協力を必要とする場合に協力してもらうわけである。

そしてこうした国内外の大学や諸機関との関係は、単に学生を集め、イベント等を行う際にのみ必要となるのではない。今日、文部科学省が募集するさまざまなプロジェクトでは、国内外のさまざまな大学や機関との「協働」が求められており、これらに応募するためには、「協働」のためのパートナーを確保しておかねばならないからだ。

たとえば、かつて筆者が行った仕事の一つに、途上国の公務員を大学院生として招いて「英語で」教育するものがあった。とはいえ、大学では「現場での仕事」を直接経験させることはできないから、学生がインターシップや研修を行う場所が必要になる。だが日本語ができない留学生を「英語で」受け入れてくれるところは、日本、それも地方では決して多くはない。だから、さまざまな国際活動をしている人たちと日頃から関係を作っておき、いざというときに協力を依頼できるようにしておくわけである。

大学のための国内での営業には、地元社会に対するのみならず、より広い地域を対象にするものもある。企業や各種財団は、大学が寄付金を集めたり、共同研究をしたりする際の重要なパートナーである。霞が関の官庁、とりわけ国立大学にとっては、「親会社」に等しい文部科学省との関係も重要だ。政府が募集するさまざまなプロジェクトに応募するためには、政府が何を考え、どんなものを欲しているかがわかっていれば有利になる。だからこそ、大学はその情報を求めて、さまざまなルートを通じて情報収集を試みることになる。引退した官僚OBやOG、さらには自分の大学の卒業生、所属する教員の大学時代の友人、さらにはさまざまな政府機関の委員等として仕事をしている教員等、使えるネットワークは合法であるかぎり何でも使う、といっても過言ではない。

だから大学の国内での営業は、大企業や各種財団、さらには霞が関や永田町に多くの人脈を持っている大学ほど有利になる。加えて、文部科学省の各種の助成金では、東京大学や京都大学をはじめとするいわゆる「旧帝国大学」が優先的に選ばれることも多いから、筆者の勤務先のような大学では、東京大学や京都大学なら当たり前に持っている情報が取れずに、助成金を落として地団駄踏んで悔しがることも多くなる。

とはいえ、だからといって今どき、外部資金なしに大学は成り立たない。だから、大学教員は、今日も大学のための「営業」に取り組むことになる。

同窓会と並んで、大学の営業において重要なものに、学生の父母への対応がある。大学生は法律上成人なので、その父母を「保護者」と呼ぶことはできないので、「スポンサー様」などという、苦しい用語を用いている大学もあると聞く。多くの学生は父母に学費や生活費のかなりの部分を負担してもらっているから、父母の理解なくしては、大学の円滑な運営は困難だ。何度もお金の話になって恐縮だが、だから大学はときに、彼らの「子供たちの所属する大学への愛校心」を利用して、寄付金やさまざまな協力をお願いしたりもする。その意味では、同窓会、地元社会、そして父母会は大学が地域で活動するための中核的存在であり、これらを組織してその地に根を張ろうと努めている。

†研究者としての営業

他方、大学教員には、大学や部局といった「組織のための営業」活動のみならず、教員個人の「自身のための営業」活動もある。大学教員の主たる三つの仕事のうち、教育と学内行政は組織のための仕事であるから、自身のための営業は主として、研究に関わるものになる。

研究に関わる「営業」は、経済的資源を得るためのものと、それ以外の何かしらの機会を確保するためのものに大きく分けることができる。とはいえ強調しなければならないのは、この両者は必ずしも画然と区別されてはいないことだ。一例を挙げるなら、筆者はかつて、関西の財界が運営するある財団のプロジェクトを担当することで一定の研究資金を得ていたことがある。財界が求める研究調査を行い、その報告書を作成することで研究のための資金を得るのである。そしてこうして特定の機関との関係ができると、今度は自分が教えている大学院生を学位取得後、その財団所属の研究員に推薦したりすることもできるようになる。他に変わったところでは、かつて筆者はとある酒造会社の出資する財団で学術賞をもらったことがあり、その縁でこの財団に、次の学術賞受賞者や、研究費を求める若手研究者を推薦する権利を有している。自分のための機会というよりは、自分の周囲にいる人たちのための機会がこうして得られることになる。

こうしたネットワークの構築は、研究そのものの遂行にも重要である。筆者の場合、韓国政治や日韓関係について研究をしているので、政治家や外交官、さらには現場のメディア関係者や市民団体等の関係を作っておく必要がある。必要な情報を入手し、誰かを紹介してもらうなどの、研究遂行のための支援を受けるためである。

だから筆者は時間があれば、頻繁に東京やソウル、そしてときにはワシントンやロンドンにもできるだけ脚を運ぶことにしている。自らの存在を知ってもらえるかどうかで、集められる情報の量も質も大きく変わってくるからだ。

†研究費を得るための間接的な営業

こう書くと、いや、大学教員にはメディアで活動したり、あちこちで講演したりという営業もあるじゃないか、という人がいるだろう。とはいえ、実際にはメディア等に出演する機会がある大学教員は全体から見ればごくわずかだし、そこから直接入る収入もたかが知れている。ちなみに筆者は、所属する大学ではおそらくメディアへの露出がもっとも多い教員の一人であるが、新幹線で東京都内まで往復してテレビ番組に出演してもらえる金額は、交通費や宿泊費を除けばせいぜい一回数万円程度、講演料も例外的なものを除けばほぼ同じような金額である。つまり、韓国の大統領が何かの間違いで戒厳令でも宣布しない限り、月に一回テレビ番組に出演したり講演したりしても、入ってくる金額は一年で数十万円程度にしかならない。

ついでに書いておけば、新聞や雑誌のコラムでの執筆料も、例外的なものを除いて、ほぼ同じ数万円程度である。他方、海外に行って調査を行ったり、学会報告をしたり、さらには研究に必要なデータベースを買ったりして研究に使用する金額は、いわゆる「人文社会科学系」の研究者に属する筆者ですら年に一〇〇万円を超えるから、メディア等で活動して研究費を賄うというのは筆者程度では不可能であり、よほど有名な「マスコミ教授」

でなければできないことがわかる。

だが、そうした「営業」活動がまったく無駄であるわけではない。どんなにたくさんの論文等を執筆しても、それにより世の中に名前が知られることは稀であるが、メディアに出演し、記事が掲載されれば、知名度は上がる。同様に、日頃から財界や各種財団、さらには政党の主催する各種催し等に参加して、顔を売っておくことも大事である。そうして次なる研究費の獲得につなげたり、教え子たちの就職に役立てたりするのである。率直にいえば筆者の場合も、メディア等に出るのは好奇心が半分、残り半分はこうした自分や自分の周囲の人たちの活動のためにネットワークを確保するためである。

†本を出すための営業

自分の名前や研究内容を知ってもらうのは、その研究成果を世に問うためにも重要である。この点において一般の人にもわかりやすいのは、書籍の出版かもしれない。インターネットの広がり等の影響を受け、出版市場が縮小する今日、少なければ初版の発行部数が五〇〇部にも満たない「売れない」専門書の出版は、容易ではない。どんな出版社でも、あらかじめ赤字が出ることがわかっている書籍を好んで出版することはないからである。

それでも大学教員、とりわけ依然として単著の形での書籍の出版が重要な位置を占める、人文社会科学系の教員にとって、出版機会を得るか否かは死活問題になる。だから、大学教員は原稿ができあがるはるか以前から出版のための企画書を書いて出版社に提出し、編集者と意見交換して、出版の機会を探す。とはいえ、多くの専門書は文字通り「売れない」ので、出版のための助成金を得ることを求められたり、あるいはより単刀直入に相当部数の「買い取り」を迫られたりする。一冊五〇〇〇円の書籍を四〇〇冊発行するなら総額の販売額は二〇〇万円。そのうち一〇〇冊を買い取れ、というのはわかりやすくいえば、五〇万円を払えば何とかペイするから出版してやらないでもない、ということである。

とはいえ、それでは限りなく自費出版に近い形になるし、評価もなかなか得られない。だから研究者、とりわけ未だあまり名前の知られていない若い研究者は自らと自らの研究がいかに有望で、その成果を出版すれば出版社にとってもプラスになるかを懇々と説明する。ときには出版社に近い、名の知られたベテラン研究者に推薦書を書いてもらったり、「口を利いて」もらったりすることも有効である。我々ベテランの研究者にとっては、こうした若い有望な研究者が機会を得るために「営業」することもまた、「大学教授の仕事」の一部である。極端な場合には、教え子の出版と引き換えに、自分が文章を出版社に提供することもある。こうした「後進のための営業」も教員としての重要な仕事である。

†研究プロジェクトに参加するために顔を売る

明らかなのは、どれだけ優秀な人でも、一人で研究を行い、一人で研究資金を探し、一人で報告や出版の機会を得るのは限界があることだ。だから、大学教員は、学会以外にもさまざまな研究会に顔を出して「営業」する。単に自らの研究を知ってもらうためのみならず、それらを通じてネットワークを広げ、さまざまな研究プロジェクトに参加させてもらうためだ。

こうした研究プロジェクトに参加するメリットはいくつかある。一つは、そもそも、科学研究費補助金のそれをはじめとする大型の外部資金では、多くの研究者がチームを組んで共同研究を遂行することが前提になっているからである。ゆえにこうした大型の外部資金を獲得するためには、まずはどこかの研究チームに参加するか、自らがチームを組み上げる必要がある。こうした大型の外部資金獲得を前提とした研究チームは、有力大学の「有名教授」を中心としていることが多い。だからこそ、こうした「有名教授」が主催する研究会に参加し、彼らとのネットワークを構築することが大事なのである。

だが、研究プロジェクトに参加するメリットはお金だけではない。二つ目に重要なのは、それにより多くの研究成果の発表機会が得られることである。多くの研究プロジェクトでは、その過程において学会でセッションを組んで口頭報告を行ったり、書籍や学会誌の特集プロジェクトをたてたり、共同著作論文を出版したりする。だから、こういう研究プロジェクトに参加すれば、研究のみならず、その発表の機会にも恵まれることになる。

なので大学教員——とりわけ東京大学や京都大学といった有力大学の出身でなく、筆者の教え子たちのように、人付き合いの悪い無名教員の下で育ってしまった不幸な人々——は、学会や各種の研究会に小まめに出席して、これらの研究会やプロジェクトを主管する「有名教授」の知己を得る必要がある。ある意味ではそれこそがこの業界に「学閥」なるものが存在し、依然として幅を利かせている理由でもある。

コラム 大学教員と趣味

大学教員はいつも研究室に籠って、実験をしたり、本を読んだり、あるいはコンピューターを使って何かしら難しそうなことをしているのだろう。勉強が好きで大学に残った人々だから趣味など持たず、ただひたすらに研究だけを行っているに違いない。多くの人は大学教員に対して、そんな思いを持っているかもしれない。事実、筆者も若い頃に言われたことがある。「大学の先生は本ばっかり買って、家の中にたくさん積み上げてるんでしょ。ボーナスも何も全て研究に使うから、貯金なんて持ってないんでしょ。私よりも研究を大事にするような人とは結婚できないわ」。世間の大学教員に対するイメージ恐るべし。おかげで筆者はもう少しで結婚の機会を逃し、一生を独身で過ごすところだった。

妻や恋人と研究の比較はさておき、それではやはり大学教員が研究を愛していないか、といえば多くの場合嘘になる。学部卒で就職すれば、それなりの収入が得られるにもかかわらず、博士前期課程二年と博士後期課程三年の追加的な学生生活を過ごし、学費を払いながら日々論文を執筆した挙句に、指導教員や査読者にけちょんけちょんに貶される日々を選択するのは、少なくとも彼らがその研究に何らかの意義や楽しみをおぼえているから

である。筆者もまた、研究で韓国を訪れてかつての政府有力者にインタビューしたり、これまで誰も気づかなかったデータを発見したりしたときには、密かに大きな喜びに浸っている。

しかし、いったん大学教員になってしまえば、研究は仕事であり、あまり関心のない題材を研究することが求められることもある。資料収集や分析が上手くいかないこともあるし、せっかく執筆した論文や著作が、査読で落とされたり、酷評されることもある。それでも仕事だから止めることはできない。出口の見えない状況でひたすらもがきつづけることになる。そしてやがて若い頃は楽しく思えた研究に限界を感じ、多くの研究者は研究を楽しめなくなってしまう。

だからこそ、大学教員も歳を取るにつれ、趣味を持つ人が多くなる。筆者の場合は（なぜかよく知られているように）趣味は野球観戦とロードバイクでのツーリングであり、野球場へは年に一五回弱足を運び、自転車には毎月五〇〇キロメートル以上、年間通算で六〇〇〇キロメートル以上乗ることを目標としている。結果として、平日に大学の仕事でへとへとになって週末を迎えた筆者は、野球観戦とツーリングで週末にさらに疲弊し、翌週の月曜日を迎えることも多い。

そしてこのような「趣味に打ち込む系」の人は大学教員にとても多い。たとえば、ノーベル賞受賞者である山中伸弥京大教授が熱心なマラソンランナーであることはよく知られているが、同様にフルマラソンを走ったり、進んでトライアスロンにまで手を出したりする人も後を絶たない。趣味の絵画で個展を開く人、バイオリン奏者として地域のアマチュアオーケストラに参加している人もいれば、年齢別の国際大会であるマスターズの水泳大会や陸上大会への出場を目指して、日々鍛錬に励んでいる人もいる。自ら目標を決めて鍛錬を積み、目指す目標に向けて結果を出す。考えてみれば、大学教員の多くは、こうした「自分を虐めて、黙々と努力する」ことの好きな人たちであり、それができる人たちである。だからこそ、彼らはあたかも研究で頂点を極めようとするかのようにして、趣味についても真剣に打ち込む。趣味として研究をするのではなく、研究のように趣味に打ち込む。こうしてみると、大学教員には、少し悲しい人たちが多いのかもしれない。

第七章　大学は海外に活路を見出す

前章でも述べたように、大学教員の「営業」活動は、ときに海外にまで及ぶ。とりわけ筆者の所属する大学院は、その名の通り「国際協力」に資する人材養成のために設置されたものであり、必然的に海外での活動が多くなる。それでは、筆者が経験した海外での「営業」活動とはどんなものだったのか。大学教員の一般的な仕事とはいえないかもしれないが、同時に今の大学が置かれている状況の一端を示すものでもあるので、ここでそのいくつかを紹介してみることとしたい。

†留学のセットアップ

「大学で国際協力？」と思った人は、今の大学にどれだけたくさんの留学生が学んでおり、また、国際共同研究が行われているかを考えてほしい。たとえば筆者の勤務先では、コロナ前の二〇一九年時点で一三九九人の留学生が在籍していた。この年の在籍学生数が一万六二六六人だから、約八％の学生が留学生だったことになる。逆にこの大学から同じ年に海外の大学に交換留学等で留学した学生は八一〇名。こちらは全学生数の約五％に相当する。

そして当然のことながらこのような学生の受け入れや送り出しには、大学もさまざまな準備が必要になる。そしてその準備や制度の整備を行うのも大学教員の仕事の一つである。では、そのためには何をしなければならないのか。この点について、まず、日本の大学生が海外の大学に留学するケースを考えてみよう。最初に重要なのは、留学には大きく分けて三つの形態がある、ということである。一つは、学生が自分で留学先を探して、入試等を受け、自分で授業料等を払ったり、奨学金を見つけてきたりして、海外の大学で学ぶ場合である。この場合には、全ての手続きを学生自身が行っているので、この学生が所属する日本の大学が行うべきことはほとんど何もない。

しかし、現在の日本の大学で行われている留学の多くはそうではない。多くの学生は日本側の大学に入学してから、その大学が有するネットワークを使って海外の大学に留学するからだ。その典型的な事例は「交換留学」というものである。学生たちは日本の大学に入学する際には入学試験を受けて、授業料を払っている。しかし、ほとんどの「交換留学」の場合、入学試験に当たる手続きはないし、授業料も発生しない（ただし、旅費や寮費等は別途に発生する）。日本の学生を受け入れる海外の大学の側からすれば、これらの学生を受け入れてもただちに収入は発生しないわけで、これだけでは当然商売にならない。

このような状態が可能になるのは、これが「交換留学」だからである。つまり、海外の大学が日本の学生を授業料負担なしに受け入れる代わりに、パートナーとなる日本の大学の側もこの海外の大学からの学生をやはり授業料負担なしに受け入れることで釣り合いがとれるというわけだ。このような学生「交換」のシステムを作り上げるためには、相互の合意と約束が必要であり、大学はそのために海外の大学との間に協定を結ぶ。

協定が必要なのは、留学の比較的新しい形態である「ダブルディグリー」制度においても同様である。「ダブルディグリー」とはその名の通り、ディグリー、つまり学位を、ダブル、二つ獲得する制度である。この場合は留学にかかわるものなので、学生は日本の大学で学位を一つ取得するのみならず、留学先の大学でも学位を別途取得することになる。そして、学位を取得するということは、すなわち公式に相手側大学の学生として入学し、卒業するということである。ちなみに交換留学の場合には、日本側の大学の所属学生としての資格で海外の大学で勉強している形になるので、厳密にいえば「留学先の大学の学生」になったわけではないことに注意が必要だ。「交換留学生として、ハーバード大学で学ぶ」ことは、厳密には「ハーバード大学の学生になる」ことではないのである。

とはいえ、学部なら四年、博士前期課程なら二年という短い間に、二つの学位を取得するのは、授業の履修や修士論文の執筆だけでも大変だし、何よりも正規の入学試験を受けて入学し、授業料を二つの大学に同時に払うのは、負担が大きい。なので、こちらも入学手続きに特例を認めてもらったり、お互いの大学で取った単位を認め合う単位の相互認定を行ったり、さらに進んで授業料の減免のための制度を作ったりする。

しかし、このような協定の締結は、ときに容易ではない。なぜなら、学生たちが留学を希望する大学の多くは、世界各国の名門大学であり、日本側の大学とは知名度も学習環境も違っているからだ。交換留学にせよダブルディグリーにせよ、学生の受け入れや単位の相互認定、さらには授業料免除が可能になるのは、お互いの教育水準が等しく、類似した数の学生が行き来することができるからである。海外の大学からすれば、単に日本の大学から学生を受け入れるだけでは、負担が増すだけであり、利益は何も存在しない。

なので担当者は、学生を送りこみたい海外の大学に対して、自分の大学がいかに優れており、交流が相手側の利益になるかを説得する。だが、近年では日本の大学と海外の大学の間の授業料の格差が大きく開いており、イギリスやアメリカの大学であれば、一年の授業料負担が五〇〇万円以上になることも多い。対して、日本の国立大学の一般的な授業料は、二〇二四年現在で五三万五八〇〇円だから、互いに授業料を全額免除すれば、イギリスやアメリカの大学の側には一〇倍近い収入減が発生する。

なので、海外の大学はときに、日本の大学からの留学生を、正規の教育課程とは異なるコース、つまりは付属の語学学校等に収容して、追加の授業料を徴収しようとする。英語をはじめとする現地語ができない学生を正規の教育課程に受け入れても、交換留学では収入が発生しないし、負担が増すばかりだからである。

†変わるアジアの大学との関係

大学にはこのような海外の大学との交流を担当する部署も置かれており、筆者もかつて所属先の大学にて、「アジア総合学術センター長」なるものを務めていた。この仕事のために中国や韓国はもちろん、東南アジアやオーストラリアの大学との交渉に従事した。大学を訪問する海外の大学からのゲストに対応するのもその役割の一部であり、ときには自ら現地の大学に足を運び、協議も行った。予算の都合により通訳などはついていないから、交渉は大学教員自らが「英語」で行うことになる。

こうして書くと、オーストラリアはともかく、アジア各地の大学では、日本への留学希望者が多いだろうから、交渉は大変ではなかったろう、と思われる方がおられるかもしれないが、今日の「大学教授の仕事」の現場はそうではない。なぜなら、近年、アジアの大学の研究・教育水準が大幅に上がっているからだ。他方、予算削減の煽りを受けた日本の大学の研究・教育水準は低下の一途を辿っており、各所で逆転現象が起こっている。

筆者の経験の中からいくつかエピソードを紹介してみよう。二〇一一年、文部科学省は海外の大学との交流関係を強化するための「世界展開力強化事業」の一環として、先にも紹介した中国や韓国の大学との間で連携する「キャンパスアジア・プログラム」を募集した。筆者の勤務先もこれに応募して、採用されることになったのだが、担当の一人となった筆者がパートナーに選んだのは、上海にある復旦大学と韓国の高麗大学であった。共に中韓両国を代表する大学であるが、当時は各種世界ランキングにおいて、これらの大学と勤務先には決定的な違いはなく、対等に近い関係で協議を行うことができた。

しかし、それから一四年経った今、所属先大学のランキングが、もっとも頻繁に使われる「Times Higher Education」のランキングで六〇〇位以下に低下したのに対し、復旦大学は四四位、高麗大学も二〇〇位圏に入っている。仮に現在同じ交渉を行ったとして、これらの大学との間での対等な協定が結べるかどうかははなはだ疑問である。

日本の大学とアジアの大学との関係の変化は、世界ランキングの変遷に見られるような、お互いの大学の「上下関係」とは異なるところにも見ることができる。経済成長が続くアジア諸国は、日本のみならず多くの国の大学にとって魅力的な将来の市場であり、多くの国の大学が彼らと関係を強化しようと努めている。結果、アジアの大学の側には、海外の大学の中からどの大学と協定を結ぶのか、幅広い選択肢が生まれている。

従って、アジアの大学の側が、日本の大学を他国の大学との間で「天秤にかける」ことも多くなっている。たとえば、筆者がアジア総合学術センター長を務めていたとき、派遣されてベトナムのある有力大学との間で交渉を行ったことがあった。その際に先方の大学から言われたのは二つ。一つ目は「オーストラリアの大学や中国の大学は、交流のためにさまざまな資金を用意している。日本の大学はどれだけ払えるのか」。しかし、国際交流のために日本の大学が割ける資金はきわめて少なく、筆者は即座に回答を返すことができなかった。二つ目は「交流を結んだら、日本から学生は来るのか。対等な関係なら日本側からも学生が来るのも当然ではないか」。アジアの大学は日本の大学に学生を派遣することを一方的に望んでおり、簡単に協定を結ぶことができるだろう。筆者自身がそんな偏見を持っていたことを思い知らされた瞬間だった。

†奨学金を獲得する

どうしてもお金の話になってしまい恐縮だが、こうした大学の国際交流にも、当然資金が必要だ。だからこそ、「大学の世界展開力強化事業」をはじめとする各種外部資金に応募するのであるが、国際交流のための資金はこのような大学が数年規模で獲得する大型のものだけに留まらない。例えば海外に学生を留学させ、あるいは、留学生を受け入れるには、そのための旅費や奨学金が必要であり、それを獲得するのも、大学教員の仕事である。たとえば、学生を留学させるための資金には、日本学生支援機構（JASSO）が出すものがあるが、その確保のために、各大学や部局は機構に申請書を出す必要がある。この申請に失敗し、セレクションに落ちれば、次の年の学生には機構から支出される旅費や奨学金がなくなってしまう。

他方、留学生を受け入れるにもまた、奨学金が必要である。そして、この留学生にかかわる奨学金については、日本国内ではさまざまな誤解がある。典型的なものの一つは、日本人学生が日本学生支援機構による「貸与制」の奨学金しかもらえないのに、留学生はそのほとんどがふんだんな奨学金をもらっている、というものだろう。でも留学生をとりまく現状はこうした話とは全く異なっている。

たとえば、留学生が受ける代表的な奨学金である文部科学省からの「国費留学生」の数は、二〇二〇年の段階で八七六一名。同じ年の留学生の総数は二七万九五九七名だから、国費留学生はその中のごく少数であることがわかる。ちなみにその内訳は次のようになっている（表7―1）。中国やベトナムといった、現在日本の大学に多くの留学生を送り込んでいる国の学生には、国費留学生の割合が少ないのがわかる。

国費留学生の割合がこのようになるのは理由がある。まず、国費留学生には大きく分け

	留学生総数（A）	うち国費留学生数（B）	割合（B/A）
中国	121,845人	834人	0.7%
ベトナム	62,233人	601人	1.0%
ネパール	24,002人	62人	0.3%
韓国	15,785人	565人	3.6%
インドネシア	6,199人	888人	14.3%
スリランカ	5,238人	96人	1.8%
ミャンマー	4,211人	219人	5.2%
バングラデシュ	3,098人	453人	14.60%
モンゴル	3,075人	275人	8.9%
タイ	3,032人	614人	20.3%
マレーシア	2,670人	237人	8.9%
フィリピン	2,221人	260人	11.7%
その他	25,988人	3,657人	14.1%
全体	279,597人	8,761人	3.1%
（参考）			
台湾	7,088人	278人（注）	3.9%

表7－1　外国人留学生数（令和2年5月1日現在）
文部科学省「国費留学生の受入人数について」。
注　台湾の国費留学生については、公益財団法人日本台湾交流協会による支援。

て現地の日本大使館から推薦される「大使館推薦」と、大学が文部科学省に申請して枠を取る「大学推薦」の二つが存在する。前者は国ごとに人数が割り当てられており、その選抜をクリアして来日するのは限られた数の学生たちだけである。

後者については、大学側が申請書を出して応募する性格のものであるが、こちらも出せば通るわけではないし、支給される学生の数も決まっている。そして何よりも注意しなければならないのは、これらの国費留学生の選考が、彼らの入学前に行われることである。つまり、いったん私費で来日してきた留学生が、後日、セレクションをクリアして「国費留学生」になる、ということはできない仕組みになっている。

もちろん、留学生が受給できる奨学金は文部科学省が支出する「国費留学生」にかかわるものだけではない。通常、これらを支出する財団等への申請は、留学生自身が行うものであり、大学教員ができるのは推薦書を書く程度である。しかしながら、一部の奨学金には大学ごとに「枠」が与えられているものがあり、こちらはその「枠」を獲得するために、大学教員がさまざまな機関に申請書を書いて、獲得のための交渉を行う。

筆者の経験した例からその例をいくつか挙げれば、まず、ＪＩＣＡが募集する「人材育成奨学計画」に関わるものがある。日本政府が各国に拠出するＯＤＡ資金の一部を利用して、将来の各国の開発に資する人材を日本国内で育成する目的をもって一九九九年に開始された事業であるが、たとえば「カンボジア・経済二名」といった枠が大学ごとに設けられており、この枠を確保すべく毎年交渉を行っている。外務省やＪＩＣＡでは、留学生の選抜を行うことが困難なので、そのセレクションについても大学側が担当することになっており、筆者もこの仕事で中国、フィリピン、カンボジア、バングラデシュ、キルギス等に出張したことがある。類似したものにやはりＪＩＣＡの長期研修員制度や、インドネシアの公務員を現地大学と共同で教育する「リンケージ・プログラム」などが存在する。

奨学金には国際機関が拠出するものもあり、筆者の勤務先ではアジア開発銀行が管轄するものを利用している、こちらも大学の側が交渉して一定の枠を確保している。

†英語コースの設置

大学教員が留学生の受け入れのために行う仕事のもう一つは、制度の整備である。たとえば、その代表的な事例として、一時期、文部科学省によって強く奨励された「英語コース」の設置がある。背景には日本における留学生の受け入れ拡大を行うには、日本語の存在が大きな壁となっている、という理解があった。

つまり、日本語が話せる学生を受け入れるだけでは、留学生数の一定数以上の拡大は望めないから、思い切って日本語の負担を免除し、英語だけで教育を受けさせれば、より多くの優秀な学生が日本に来ることができるだろう、と考えたことになる。とりわけ大学院は専門的な知識を学ぶところであり、多くの研究分野では英語にて議論がなされている。だから、その専門的な教育にわざわざ日本語を介する必要はない、というわけだ。

このような日本語を話さない留学生の受け入れは、二一世紀に入り急速に拡大したが、当初は大きな問題が存在した。多くの大学院は、これらの留学生の受け入れを従来の教育課程で行ったからである。結果、これらの大学院では、教育において日本語と英語を「ちゃんぽん」で行う事態が生じ、「英語だけで学習できる」環境を求めて来た留学生に大きな不満を持たせることとなった。

このような状況を受けて、各大学ではやがて従来からの日本語で行うコースとは別に、英語のみで教育を行う専用のコースを設けるようになった。筆者の勤務先もその一つであるが、結果、教員の教育負担は単純に二倍になった。日本語のコースと英語のコースに別個に授業を提供しなければならなくなったからである。

ちなみに少なくとも筆者の勤務先では、英語で教育を行うコースにいる留学生は、たとえば、アメリカ人やオーストラリア人といった英語の「ネイティブスピーカー」が多くを占めているわけではない。「英語で教育を行う」のであるから、大学院教育に適応できるだけの英語が理解できればいいのであり、結果、その多くを占めるのはアジア地域からの留学生、ということになる。加えて、筆者の勤務先ではこの英語コースの学生として、先ほど紹介したような、発展途上国の官僚を日本に派遣する奨学金を受けている学生を多数引き受けているので、これまで筆者が指導してきた英語コースの留学生も、中国や韓国といった近隣諸国や、アメリカやイギリス、スウェーデンといった先進国に加えて、カンボジアやバングラデシュ、キルギス、ラオス、さらにはアフリカのベナン等、その出身国は実にさまざまになっている。世界中に教え子がいるというのは、ひょっとすると「大学教授のお仕事」の醍醐味の一つかもしれない。

†留学生は多すぎるのか

こうして留学生の受け入れについて説明していると出てくるのが、日本の大学はあまりにも留学生に依存しすぎているのではないか、という指摘である。しかしながら、他国と比べた時、日本の大学における留学生比率は決して高くない。たとえば二〇二三年の時点で学部レベルにおける、日本の大学の留学生比率は三・二%。この数字はOECD諸国の平均の五・五%を大幅に下回っている。博士前期課程や後期課程についても同様であり、少なくとも国際的に見て日本における留学生が「多い」ということはできない。

さらにいえば、留学生は日本の社会や経済に大きく貢献する可能性を持っている。だから現在、日本政府は日本への留学生の国内での積極的な就業を進める政策をとっている。少子高齢化により人口減少が続く日本社会において「働き手」を求めてのことである。二〇二二年の場合、新規に日本に入国した留学生は一六万七一二八人。これらの学生のうち、政府が目標とする六〇%が日本国内に就業すれば、一〇万人近い労働力が毎年新たに確保できる計算になる。他方、日本では今後五年間の間に毎年四〇万人から五〇万人の生産労働人口が減少すると予測されている。すなわち、留学生を日本国内に定着させることができれば、それだけで生産年齢人口減少の四分の一近くが補えることになる。

だからこそ、今後は大学教員にとって、こうして迎え入れた留学生の就職先をいかにして確保し、留学生や企業等の橋渡しをするかも、大きな仕事のうちに入ってくる。インバウンドの観光客が増えるなか、中国や韓国からの留学生の中には、日本国内の関連産業に就職する人たちも増えている。だからこそ、留学生の受け入れと、彼らをいかにして日本国内に定着させるかは、日本の大学にとって大きな課題となっている。

†リカレント教育という道

少子高齢化が進むなかでの、大学の異なる役割としては、「リカレント教育」がある。すでに職に就いている人たちを、もう一度大学で教育して、より高度な人材へと育成しようとするものである。大学からみれば、一八歳人口の減少の結果として減少する学生数を、人口の異なる部分から補おうとするものであり、また、社会の側から見れば、人材を再教育することにより必要な労働力を確保しようとするものである。なので、この「リカレント教育」は、基本的に留学生受け入れ拡大と同じ性格を持っていることになる。

技術革新の速度が速くなった今日では、かつては有用であった技術や知識が早期に「陳腐化」していき、常に知識を更新し、新たな状況へと対応していくことは、社会全体にとってのみならず、個々の労働者にとっても必要になっている。とはいえ、このリカレント教育を行うには、大学の側もまた、社会のニーズに応じた知識を提供する必要があり、そのための新たなスタッフの確保と、制度整備が求められている。その意味では、「大学教授の仕事」は今後もまた変わっていくのかもしれない。

コラム　大学教員とDX

ＤＸ（デジタル・トランスフォーメーション）により、業務内容を刷新しなければ競争に生き残れない。こうして政府から民間までその必要性が叫ばれるなか、もちろん大学もその例外ではない。とはいえ、顧みれば大学教員の職場はどちらかといえば、この分野に強い業界だ。

たとえば、インターネットの発達には、ＵＣＬＡをはじめとしたアメリカの大学が大きな役割を果たしており、ゆえに大学での普及はきわめて早かった。人文社会科学系の研究者である筆者の場合でも、一九九三年にはすでに e-mail やブラウザを用いて研究を行っていたし、一九九五年には自らの研究内容発信のためにウェブサイトも複数の言語で立ち上げている。ついでに書いておけば、個人的には高校生の時から安物のパソコンと携帯用の「ポケットコンピューター」で簡単なプログラムを書いて自作のゲームで遊んでいたので、コンピューター使用歴はすでに四〇年を超えている。

とはいえ、そのことは我々が新たな状況へと対応しなくてよいことを意味しない。現在の状況で重要なのは、二つであろう。一つはＺｏｏｍや Microsoft Teams といったツールを用いた遠隔教育である。新型コロナ禍とそれによる一時的なキャンパスの閉鎖により、一挙に普及したオンライン教育は、新型コロナ禍が終息した後も一定程度定着し、今や欠かせないものとなっている。動画を用いたオンデマンド型授業も行われており、YouTube等に親しんでいる今の学生からは、教室での講義よりもこうした「いつでもどこからでも見たいときに見られる」タイプの授業を歓迎する声もあがっている。

二つ目に、そしてより重要なのは「生成AI」の登場である。深層学習や機械学習の手法を駆使して、人間が作り出すようなテキスト、画像、音楽、ビデオなどのデジタルコンテンツを自動かつ瞬時に生成する「生成AI」は、今日、学生たちが授業の課題であるレポート等の作成に使用することで、物議を醸している。たしかにChatGPTをはじめとした「生成AI」を使えば――それが講義担当者が求めているものであるかどうかはともかく――多くの問題に対する何らかの「答え」を簡単に得ることができる。なので、その使用により、適切な授業評価が妨げられ、大学の現場が混乱する、という憂慮が寄せられているのである。

「生成AI」については、異なる懸念もある。それはこのまま「生成AI」が発達していけば、さまざまな分野の研究やその成果報告のための論文執筆も、全て「生成AI」により賄われるようになるのではないか、というものである。つまり、「生成AI」は大学教員の仕事を、教育の分野においてのみならず、研究の分野においてもその存在を脅かすようになる、というのである。

だが、筆者はその脅威をあまり深刻には考えていない。

たとえば、昔の大学教員は過去にどんな研究が存在し、どこにどんな資料があるかを自らの経験として知っており、その知識こそが、学生たちを指導する上で重要だった。しかし、インターネットとデータベースの発達した今日、これらの情報は瞬時に電子的に検索可能なものとなり、かつての知識は大学教員の仕事を遂行する上では大事なものではなくなっている。そもそも考えてみれば、筆者よりさらに年上の世代は論文を手書きで書いていたはずであり、完成度の高い論文をどうやって「書き上げる」かも研究者として重要な技術であった。しかし、最初からパソコンやワープロのあった時代に育った筆者の世代にとっては、自分が研究してまとめたデータや論文は、最初から全て電子ファイルとして存在するものであり、ペンで研究や勉強の成果を書くことは、学部時代のレポートを最後に経験していない。

だからこそ重要なのは、オンラインアプリにせよ、生成ＡＩにせよ、新たに登場したツールをいかにして上手に使い、より良い「大学教授の仕事」をこなしていくかである。事実、筆者の教え子の中にも、新型コロナ禍の下、普及したオンライン講義での指導を利用

して、優れた博士論文を書き上げた学生や、海外の政策当局者に果敢にインタビューを挑んで成功し、貴重な証言を得ることに成功した人もいる。研究や教育に使える優れたツールが増えることは歓迎すべきことであっても、恐れるべきことではない、と筆者は思う。

とはいえ、思うことがある。「大学教授の仕事」のDX化が叫ばれるなか、文部科学省に提出したり、国立大学で作成する書類の多くは旧態依然たるものである。「物理的に判子を押さなければならない稟議書」と、「本来計算に使うマイクロソフトエクセルの書式を使った公文書」がなくなるだけでも、わが業界のDX化は大いに進むのではないか、というのは声を大にして、霞が関に叫びたいところである。

むすびにかえて

さて、ここまで筆者の個人的経験を基にして、「国立大学教授の仕事」について書いてきた。あくまで個人的経験とそこで見聞きした内容に基づくものであり、この話にどの程度の一般性があるのかは、筆者にもよくわからない。とりわけ、筆者の大学教員生活は、三二年間ずっと国立大学におけるものだったから、私立大学の教員の中には、むしろ「今の国立大学はそんなことになっているのか」と驚きと違和感を持って読む人も多いだろう。

そして同じことは異なる国立大学の教員の人たちも感じるかもしれない。たとえば、東京大学や京都大学のような大学では、筆者の周囲ほどには予算不足で苦しんではいないだろうし、人事のポイント制も実施されていないと、聞いている。医学部や工学部といった大きな部局の運営は、筆者が勤務するような小さな大学院のそれとはまったく違うだろう。東京大都市圏に存在する大学の状況は、京阪神大都市圏とは異なるだろうし、それよりも人口の少ない地方都市にある大学では、問題はより深刻な状況にあるかもしれない。

でもこうした「大学教授の仕事」の多様性を踏まえても、言えることがある。それは筆者が大学教員としての時間を過ごした三二年間で、「大学教授の仕事」がずいぶん変わったということである。かつての大学は権威のある機関であり、教員の社会的地位も相対的に高かった。経済的な地位も同じであり、かつての大学教員は——ドラマや小説で描かれるほどではなかったにせよ——自らの大学のある都市圏の高級住宅街に瀟洒《しょうしゃ》な邸宅を構える人も多かった。大学入試の倍率は高く、どこの大学も学生集めには苦労していなかった。加えていえば、仕事のノルマも少なかった。論文は年に数本、大学が発行する雑誌に日本語で書けば十分であり、担当すべき授業数も多くはなかった。多くの大学では一〇年に一回程度は「在外研究」があり、個々の教員はその機会を利用して、自らの知見を新たにすることができた。

しかし、今の日本の多くの大学にはそのような環境は存在しない。

教員の人件費が減少するなか、ポスト不足で若手教員が就職する年齢は年々上がっている。結果、個々の教員の「生涯収入」が激減し、おのおのの人生設計もが困難になる。安定した収入と将来への展望がなければ、結婚して家庭を築き、子供を産んで育てることも難しい。加えて、仕事量はかつてとは比べ物にならないほど増えており、文科省や大学本部が要求する書類の量も膨大なものになっている。他方、研究に関わる負担も増えており、時間と予算をどうにかやりくりして、論文等を書かなければならなくなっている。

だからこそ、今の大学の姿はかつてとは異なるものとなっている。学生に与えられる課題も当時とはまったく異なる量になっているから、「大学はレジャーランドだ」と呼ばれた当時の認識のままで大学教員になろうとすれば、痛い目に遭う。学生の目もシビアになっており、たとえば、どこかの大企業を退職した役職者が、大学の教員になって自分の大昔の成功談を「授業」として話したら、学生から容赦ないブーイングが飛んでくるに違いない。

さて、それでは今の「大学教授の仕事」はもはや何の魅力もないものになったのだろうか。研究科長として日々の仕事に追われ、書いても書いても査読者や編集者のOKがもらえない文章を書いている筆者であるが、しかし、その問いかけには、「否」と答えたい。なぜならこの仕事には依然として、多くの魅力があるからだ。

大学教員の仕事のうち、教育は若い学部生や大学院生を育て上げ、社会へと送り出して行くものだ。若い人たちと語り合うのは楽しいし、何よりも社会へ羽ばたいた彼らが活躍するのを見るのは、教員冥利に尽きる。研究は自らの名前で他人と競い合うものだから、成果を上げれば自分自身の業績になる。成果を出しても功績が組織のものになってしまう世界とは、そこが異なる。

社会貢献もそのような大学教員の教育や研究の延長線上にある。自らの仕事の成果を、地域や全国、さらには世界各国の人に知ってもらえるのは嬉しいし、専門家として社会の役にも立てる。対照的に組織のためである学内行政や学会業務では、個々人の名前は必ずしも出ないし、成果の大半は自らに還元もされないが、それでも事務方の職員と協力しながら問題を一つひとつ解決していくのは——問題が深刻にすぎなければであるが——それなりに充実感があり、やりがいのある仕事である。

こうしてみるとわかることがある。自営業者は自らの才覚で全てを切り盛りできるものの、反面、ビジネスに失敗すれば、その全てを失いかねない。他方、大きな組織で仕事をする人々は、その組織に守られている一方で、自らの才覚だけで仕事を切り盛りできる範囲は多くないだろう。これらに対して、大学教員は自らの名前を出し、自らの才覚でかなりの部分の仕事を切り盛りできる一方で、失敗しても組織に所属している間は、ある程度立場が保証されている。だから、その最大の特色は「失敗を恐れずに仕事ができる」ことにある。そして、それはおそらく大学教員の仕事の中で、本来大きな部分を占めるはずの学術的研究が、そのような性格のものだからなのだろう。行った研究が失敗し、論文が書けなくても、我々はそのこと自体で直接責任を問われることはない。あらゆる研究成果は試行錯誤の産物であり、試行錯誤を否定すれば成立し得ないからだ。だから、大学は失敗が許されるシステムになっているし、許されるシステムでなければならないのである。

しかし今の日本の大学では、この点が危機に曝されている。文科省は、大学の組織運営に用いる通常運営交付金における競争的部分を増やすと同時に、三年から五年程度の短期のプロジェクト資金に比重を移している。プロジェクトが成果を上げなければ、支援が打ち切られる仕組みになっており、そこでは失敗が許される余地はなくなっている。

成果主義の行きつくところは、誰もが「失敗しない計画」を立て、「当初の予定通りの結果」を出す世界である。しかしそれでは、教育面でも研究面でもイノベーションは起こらない。なぜなら誰もが予想しなかった大きなブレークスルーこそがイノベーションであり、最初からあるイノベーションが確実に予測されている、などということはあり得ない話だからだ。それでは大学は、本来社会において果たすべき役割を担うことはできない。

そして、そうなったとき、「大学教授の仕事」の魅力もまた失われる。組織の歯車として、組織のために予見された方法で、予見された結果を出すだけなら、そこに個人の才覚や裁量の余地はないからだ。そのことを強調して、本書の筆をおくこととしたい。

＊本書の執筆においては、永井史男先生、仙石学先生、そして野口英佑さんと、大畑正弘さんに、貴重なアドバイスをいただいた。感謝したい。また、筑摩書房の藤岡美玲さんには、本書の構想から完成に至るまで、多大な激励とご支援をいただいた。膨大な仕事に追われ、ときにメンタルの不調に陥りがちな筆者が本書の出版までこぎつけたのも、全ては藤岡さんと筑摩書房の方々のおかげである。

ちくま新書
1852

国立大学教授《こくりつだいがくきょうじゅ》のお仕事《しごと》
——とある部局長《ぶきょくちょう》のホンネ

二〇二五年四月一〇日　第一刷発行

著者　木村　幹（きむら・かん）
発行者　増田健史
発行所　株式会社　筑摩書房
東京都台東区蔵前二-五-三　郵便番号一一一-八七五五
電話番号〇三-五六八七-二六〇一（代表）
装幀者　間村俊一
印刷・製本　三松堂印刷　株式会社

ISBN978-4-480-07679-3 C0237

ちくま新書

1708
ルポ 大学崩壊
田中圭太郎
教職員に罵声を浴びせて退職強要。寮に住む学生45人を提訴。突然の総長解任。パワハラ捏造。全国の大学で起きた信じ難い事件を取材し、大学崩壊の背景を探る。

1451
大学改革の迷走
佐藤郁哉
シラバス、PDCA、KPI……。大学改革にまつわる政策は理不尽、理解不能なものばかり。なぜそういった改革案が続くのか？ その複雑な構造をひもとく。

1386
大学の未来地図
――「知識集約型社会」を創る
五神真
高等教育機関たる大学は知の集積拠点である。価値創造の上でも力を発揮する大学は、日本の未来にとっても重要な役割を果たす。その可能性を説く新時代の大学論！

1473
危機に立つ東大
――入試制度改革をめぐる葛藤と迷走
石井洋二郎
秋季入学構想の加速、英語民間試験をめぐる問題……日本のリーディング大学で何が起こっていたのか？ 改革の経緯を見直し、大学のあるべき姿を提示する。

1212
高大接続改革
――変わる入試と教育システム
山内太地
本間正人
2020年度から大学入試が激変する。アクティブラーニング（AL）を前提とした高大接続の一環。では、ALとは何か、私たち親や教師はどう対応したらよいか？

1605
入試改革はなぜ狂って見えるか
物江潤
総合学習、多面的評価、高大接続……。教育や入試の改革はなぜいつも見当違いばかりなのか。理想と現実のはざまで混乱する議論に惑わされないための視点とは。

1483
韓国 現地からの報告
――セウォル号事件から文在寅政権まで
伊東順子
セウォル号事件、日韓関係の悪化、文在寅政権下の分断……二〇一四～二〇年のはじめまで、何が起こり、人びとは何を考えていたのか？ 現地からの貴重なレポート。